6堂正面情緒培育課

正向心理學的深度解析／

樂律

剖析「幸福五元素」，透過培養正面情緒，將心理滿足感最大化！

PREMA THEORY

韋志中 著

情緒價值・消極反思・認知理論

從課堂到人生的正向轉化，
在教學實踐中全面探討正向心理學的人生滿意度祕密！

目 錄

第一章　正向情緒培養理論

正向心理學是心理學的一個新的研究領域，它是從正向角度出發，研究如何讓人們正確掌握幸福人生的科學。正向情緒是正向心理學研究的主要方向，是個體心理健康的主要組成部分，同時又對身體健康具有促進作用。

第一節
認識正向心理學

正向心理學（Positive psychology）是 1990 年代末起源於美國的一個心理學研究領域，被譽為心理學領域的一場革命、人類社會發展史中的里程碑。正向心理學宣導心理學的積極取向，主張用科學的原則和方法來研究幸福。正向心理學的興起是對傳統心理學研究消極與病態的反思。

一、正向心理學的緣起與發展

千百年來，人們一直在不斷追尋生命的意義。偉大的哲學家，如西方的蘇格拉底（Socrates）、柏拉圖（Plato）、亞里斯多德（Aristotle），中國的老子、莊子等，都對此問題進行過探究，去惡揚善、明禮禁欲、學知內省等都是通向「美好生活」的路徑。但哲學的道理太過深奧，晦澀難懂，漸漸地，研究「人心」的心理學開始承擔起這個重任。

1930 年代，就已經有心理學家開始關注人類的正向特質和正面能量，如瑞士心理學家榮格（Jung）研究生活意義、美國心理學家托爾曼（Tolman）研究婚姻幸福感與天才等。但是心理學關於正向力量的研究在「二戰」之後就被迫中止，因為第二次世界大戰給全世界 60 多個國家、將近 20 億人口帶來了巨大的精神創傷，此時心理學的任務主要是治癒戰爭帶來的心理創傷、治療心理疾病。此時在心理學領域內，以佛洛伊德（Freud）為代表的精神分析學派（Psychoanalysis）占據主導地位。

1950、60 年代，以馬斯洛（Maslow）、羅傑斯（Rogers）為代表的人本主義心理學（Humanistic psychology）登上歷史舞臺，他們主要關注人性中的積極面，對心理學的進一步發展產生了深遠的影響，引導一些心理學家開始重視人的正向特質。然而「二戰」帶給人們的心理創傷並不能在短時間內消除，傳統心理學的研究主題並沒有完全改變。另外，人本主義心理學主要依靠個體的經驗和觀察，缺乏科學嚴謹的實證研究，這也導致人本主義心理學不為當時的主流心理學界所認可。

直到 1990 年代，心理學家開始關注對心理疾患的預防。學者在研究中發現，勇氣、樂觀、希望等正向特質能夠幫助人們很好地應對心理疾患。因此，對積極的人格特質進行研究，可以幫助人們發展自我、獲得幸福人生。在此背景下，美國前心理學會主席賽里格曼（Seligman）提出了「正向心理學」的概念。

賽里格曼教授是怎樣走上正向心理學這條道路的呢？1970 年代，賽里格曼教授的心理學主要研究方向是「習得性無助」(learned helplessness)。他在研究中發現，如果把狗關在籠子裡，給它重複施加難以避開的電擊，多次實驗之後，即使把籠門打開，狗也不會再逃走，而是在原地等待痛苦的降臨。這就是習得性無助，簡單來說，無助和失望是可以透過學習形成的。

在隨後的研究中，賽里格曼發現，與無助一樣，樂觀也是可以透過學習形成的。保持樂觀的心態可以緩解憂鬱情緒，對預防心理疾病有很大的促進作用。因此，在 1980 年代末，賽里格曼教授轉向了對樂觀的研究，開始關注個體的正向特質和優勢。1999 年，賽里格曼在約翰·坦伯頓(John Templeton)基金的資助下，在美國賓夕凡尼亞大學建立了正向心理學研究中心，並設立「坦伯頓基金正向心理學獎」，以激勵相關人士進行正向心理學的研究。美國心理學家雜誌也相繼推出了正向心理學的專刊。

2000 年，賽里格曼教授發表了論文〈正向心理學導論〉，宣導心理學的正面取向，主張用科學的原則和方法來研究幸福，這代表了正向心理學作為一個研究領域的形成。此後，越來越多的人開始關注正向心理學。

2004 年出版的《現代心理學史》第八版中，「正向心理學」也有了一席之地，且被著名心理學史專家舒爾茨(Duane P. Schultz)評價為「當代心理學發展中的重要力量」。種種跡象顯示，正向心理學已獲得主流心理學界的認可與讚賞，正向心理學的發展趨勢不可估量。

2009 年，首屆國際正向心理學大會在美國費城召開，該會吸引了全球 52 個國家的參與，這意味著正向心理學已逐漸發展為世界性的潮流。

隨著正向心理學的發展，人們開始逐漸關注人性的積極面，目的為發掘人的潛能並重視正向特質和優勢，試圖打造幸福人生。

二、正向心理學研究的主要內容

正向心理學將「以人為本」的思想放在核心地位，關注人的價值，注重提升人的積極心態，發展人的潛能，主張人們以正面的心態適應社會與環境。正向心理學主要研究正向情緒、正向人格特質與正向社會環境三個方面。

1 正向情緒

正向情緒體驗屬於個體主觀的一種體驗，此種體驗能夠讓人更加深刻地感受某種行為，從而在認知等方面獲得更多正面的效用。正向情緒體驗主要集中在主觀幸福感、快樂等內容上面。

主觀幸福感是指個體主觀上對自己擁有的生活狀態的肯

定態度。主觀幸福感高的人對自己的生活比較滿意，會幸福地感受過去並且客觀地對待未來。有學者對快樂進行研究，比較了快樂與不快樂的人在資訊處理上的不同，還有學者研究快樂與平均收入、親密關係之間的相關性等。

2 正向人格特質

正向心理學相信每一個人的內心深處都有兩股力量在爭鬥：一股是正向、積極的力量，如善良、寬容、感恩等；另一股是消極的力量，如貪婪、自私、虛偽等。這兩股力量沒有強弱之分，都有可能戰勝對方；關鍵在於個體為哪股力量注入新的能量、為哪股力量創造適宜的生存環境。

研究發現，正面的人格特質可以激發和強化個體已有的能力和潛在的能力，對個體的成長發展具有非常重要的作用。正向心理學家為此總結出了 24 種人格特質，包括樂觀、愛、感恩等，培養這些正向人格特質的最佳方法是增強個體的正向情緒體驗。

3 正向社會環境

正向社會環境的研究建立在群體的基礎上。正向心理學將積極的環境系統分為積極的社會大系統，如國家制定的法律、法規；還有積極的小系統，包括健康的家庭、關係良好的社區、有社會責任感的媒體、有效能的學校等。

正向心理學家發現，在積極的環境中，人們更容易形成正向情緒體驗以及正向人格特質，所以建立一個正向、良好的環境是十分有必要的。

三、正向心理學對傳統心理學的批判與發展

正向心理學是為了克服消極心理學的諸多弊端而孕育出來的，人本主義心理學的積極研究取向和正向心理學也有一些相似之處。藉由比較消極心理學、人本心理學與正向心理學的人性觀、研究方法等，我們就可以大致了解正向心理學對傳統心理學的批判與發展情況。

1 從消極的人性觀到積極的人性觀

心理學的研究對象是人，心理學的主題是人，心理學的存在依據及生存價值都在人的身上。對心理學的研究對象——人是否具有合理而全面的意識，是心理學研究的一個根本性的問題。有什麼樣的人性觀就有什麼樣的心理學。

在心理學的發展前期，佛洛伊德的精神分析是消極心理學的重要典範，其對人性持消極的態度。佛洛伊德是一名精神分析醫師，主要研究精神病人。佛洛伊德認為潛意識是個體衝突的根源，潛意識是人的生物本能、欲望的儲藏室，不受客觀現實的調節。人之所以會出現心理問題，主要是因

為對潛意識的消極防禦和壓制，一旦潛意識進入意識面，人的心理症狀就會立即消失。所以佛洛伊德主要採用催眠、解夢、自由聯想等方法對病人早期的痛苦經歷進行追溯、重現，使病人的內心衝突與壓抑得到釋放，進而緩解心理疾病。

人本主義認為「人性本善」，強調人性的顯著特點是「持續不斷地成長」。該學派認為人性是自主的，是能進行自我選擇的，主張把人當作一個完整的人來看待。馬斯洛強調「人有一種內在或者先天的自我實現的傾向。」但是人本主義將人「神聖化」，錯誤地理解了人的本質，把人看作具有人性的人，而不是社會關係的總和，其對人的內心世界的某些描述常常是從個體出發的。

正向心理學提倡積極人性論，主張以人的積極力量、美德、優勢為研究對象，注重發掘、培養人的正向心理特質。正向心理學既不像人本主義那樣過分強調「人性本善」，也不像傳統心理學那樣，認為人受生物屬性的約束與控制。正向心理學認為，人格的成長是主、客體相互作用的結果，雖然主體的力量不容忽視，但外界因素的影響和干預也是人格發展中不可缺少的部分。如果沒有外界的參與，個體就很難發展自我，實現自我價值。

2 從聚焦人的消極面到聚焦人的積極面

心理學的研究主題和內容從聚焦人的消極面到聚焦人的積極面，這是人性觀趨向積極的結果。

消極心理學把病態的人或者正常人作為研究對象，只考察人的無意識領域和客觀的外顯行為，反映人的缺陷與弱點，進而造成人性的壓抑、衝突與焦慮。

因人性觀的差異，人本主義心理學家馬斯洛提出以自我實現者為研究對象，積極宣導研究人的自由、價值選擇、自我實現等對個體與社會有重大意義的問題。

美國心理學家賽里格曼提出，正向心理學的目標是促使人們將關注的焦點從生活中的消極面轉移到積極面，建立正向的、積極的特質。賽里格曼曾提出：心理學不僅是關注疾病和健康，同時還要關注工作、教育、洞察力、愛、成長和娛樂。人性的積極面也是心理學關注的主要方向。

3 從事後「治療」到積極「預防」的思維模式

傳統的心理學因為戰爭爆發偏離了健康發展的軌道，轉向了評估和糾正人的缺點和消極處，相應的治療模式也是一種「病理性」模式，即注重事後治療的模式。精神分析與行為主義流派的心理治療就是這種模式的代表。

馬斯洛等人本主義心理學家對這種消極的心理健康觀表

示反對，他們提出了新的治療思維與模式。馬斯洛等人認為人是有潛能的，人的心理需求是否能夠滿足、潛能是否能夠充分發揮、人是否能夠自我實現是心理健康的重要標準。心理治療的對象應該轉向正常的、健康的人。

賽里格曼等正向心理學家在批判「病理性」模式的同時，也提出了新的治療理念。正向心理學認為，不是沒有任何問題的人才是健康的，而是能夠應對問題的人才是健康的。幸福感的增長成為衡量人的心理健康與否的標準。

正向心理學認為，人的心理疾病緣於兩種基本能力，即認知能力與愛的能力。心理治療的重點不是等疾病發生了再去治療，而是要提前預防。透過塑造、關注身處困境中的那些人自身的力量與潛能，可以有效預防疾病的發生。因此，積極「預防」的思維模式成為積極心理治療的核心。

4 從「控制」人到「追尋」幸福人生

精神分析、行為主義的研究把人作為本能驅使的生物或是毫無感情的機器，缺乏對人主觀世界的探討與關懷，無視人的主觀能動性與目的性。這就導致精神分析和行為主義在面對困擾人的心理問題時，顯得有些吃力，甚至是無力。

人本主義心理學主張關注人的獨特性與主觀能動性，關注人的內心體驗，關注什麼是善，關注什麼是德行。但是由於太注重個體的主觀能動性與經驗，忽視了時代條件和環境對個體的影響，導致其理論也存在一些不足。

賽里格曼認為，心理學的最大使命是讓人類生活得更加幸福、更有意義，而不僅僅是治療病人，關注那些問題人群。正向心理學的宗旨就是幫人們追尋幸福人生。

四、幸福五元素

正向心理學之父賽里格曼在《持續的幸福》一書中提出了幸福五元素的概念。所謂幸福五元素，是指幸福主要由五個元素組成，分別為正向情緒、投入、人際關係、意義和成就。

什麼是好的生活？快樂的、沉浸其中的、有意義的、有成就的和有良好人際關係的生活就是好的生活。一個人的人生要想蓬勃發展，就要有足夠的「PERMA」。「PERMA」這五個字母就是幸福的五個元素。這五個元素分別為 P=Positive Emotions（正向情緒），E= Engagement（投入）， R= Relationships（人際關係），M=Meaning（意義）， A= Achievements（成就）。想要提升自己的幸福感，就要在這五個元素上下功夫。

1 正向情緒

正向情緒就是我們的積極感受，如愉悅、開心、快樂、歡喜等。正向情緒是幸福五元素的基石。它不僅能讓人們感覺到愉悅，還能擴展和建構持久的內在能量，如擴展注意力、發揮靈活性與創造性等。與消極情緒相比，正向情緒更能讓人們實現豐富與蓬勃的發展。

當然，人都會經歷情緒的起伏，不會每時每刻都保持正向情緒。但幸福並不是時時刻刻保持著快樂情緒，而是在整體上保持著積極樂觀的生活態度。正如心理學家納撒尼爾·布蘭登（Nathaniel Branden）所說：「快樂不是奢侈品，而是一種深層次的心理需要。」由我們的心理需求驅動，我們會更加積極地追求快樂、更加珍惜快樂。

弗雷德里克森（Fredrickson）和其他研究者發現，若我們體驗到的正向情緒是消極情緒的五倍之多，那我們的人生將變得更加豐富多彩、積極主動、心懷使命，並且激情澎湃。

其實不幸福的人和幸福的人一樣，身邊都有許多正面的事情發生，但兩者的區別是，幸福的人能有意識地在美好事情發生時，歡迎這些時刻，而不是讓它們匆匆溜走。

2 投入

投入，是指完全沉浸在一項吸引人的活動中，當下的時間好像停止，自我意識逐漸消失。這有點類似於馬斯洛所說的「高峰體驗」（peak experience），即都是處於一種著迷的、忘我的狀態。

投入和正向情緒是不同的，甚至是相反的。正向情緒對當下的感受是快樂的、高興的，而在投入狀態下，人們通常是沒有思想和感情的，他們完全沉浸在自己的世界裡，沒有注意到其他人。只有在回顧那段投入的經歷時，人們才會感覺到自在與舒服。在古人的智慧中，投入的狀態就是「物我兩忘，天人合一」。

那麼怎樣才能達到投入的狀態呢？這裡沒有捷徑，你需要投入最強的優勢和才能。你的優勢是什麼？如何最大限度地發揮你的優勢？這都是投入所需要關注的方向；而正向情緒就不一樣了。想要獲得正向情緒，有很多種方法，如逛街、買喜歡的東西、吃想吃的美食等。這也是正向情緒與投入的另一個差異。

無論什麼時候，只要我們在做某件事情時沒有注意到身邊發生了什麼，或者覺得時光飛逝，那麼，我們便是進入投入的狀態了。投入當下，有助於提升我們的幸福感，同時使我們自己變得更好。

3　人際關係

在對幸福的研究中，最有力的成果之一就是對人際關係的研究。如果某人沒能與他人建立高品質的人際關係，那麼就可以說他不是一個幸福的人。

人際關係良好，人們會感覺更幸福。曾經有人問正向心理學創始人之一的克里斯‧彼得森（Christopher Peterson）一個問題：「用兩個字來形容正向心理學，是什麼呢？」他回答：「他人。」他人是人生處在低潮時最好的解藥。

人是處在社會中的，當處於良好的人際關係時，人們會感覺更快樂。良好的人際關係能夠使人們建立安全感、獲得支持，讓人們更好地成長與發展。

在人際關係中，親人、伴侶、親密朋友等關係與人們的幸福感有密切關聯。與自己關心的人分享生活，會讓我們感覺到這個世界充滿快樂。科學研究發現，幫助他人是提升幸福感最可靠的方法。人們學會換位思考、常懷感恩之心，會讓人們的人際關係更和諧。

4 意義

人們總是希望自己過著有意義的生活，做著有意義的工作。生活中有了意義，彷彿就有了目標與方向，指引著我們一直往前走。當實現了自己的目標，自己的生活就彷彿有了意義。

意義是指歸屬於和致力於某樣人們認為超越自我的東西。人們一直在追求自己生活中的意義。它是人們心底的一股力量，幫助人們不斷獲得幸福。

心理學家卡爾‧榮格說：「有意義的事情即使再小，也比無意義的事情有價值。」意義在很大程度上是主觀的，並不是邏輯與推理的結果。人們透過各種途徑找到生活的意義。當人們認為自己做的事情是有意義的，就會感覺很愉悅、很快樂，生活中充滿了希望。而沒有意義的生活則使人們看不到希望，只停留在過去與現在。

人生的意義有很多種形式。它可能來自對自己孩子的愛、為他人突破困難、擁有一項他人急需的技能並為他人付出，或者是給他人帶去希望。有意義的人生充滿著熱情。因此，堅毅地追求有意義的目標，是人們獲得幸福的重要途徑。

因此，幸福的人不只是生活得快樂或者積極投入生活，他們還覺得人生有意義。

5 成就

有些人之所以不大贊同成就是幸福人生的一部分，主要是因為他們對成就產生了錯誤的認知，認為把成就作為幸福五元素之一，就是教導人們追求成就、追求勝利。其實把成就作為幸福五元素之一，主要是基於長遠的考慮：成就人生，即把成就作為人類的終極追求。這也表明了正向心理學的任務是描述人們追求幸福的實際方法，而不是規定這些方法。

研究發現，人們是希望做些事情的，而不是什麼事都不做。對此，自我決定理論指出，要想成功，就必須讓人們感覺自己能夠遊刃有餘、熟練地掌控身邊的環境。然而，並非所有成就都能帶給人們幸福。追求一些體現出膚淺渴望的外在目標（如金錢和名譽），或者將別人的目標作為自己的追求，並不會給人們帶來真正的成就感或幸福感。

研究還發現，最幸福的人每天醒來後都致力於實現明確而艱難的目標，這些目標超出了他們的舒適圈，他們不但贏得了最佳的成果，而且還可以帶來最高程度的自尊感和自我效能感。

成就代表了人們對環境的掌控能力。獲得成就使人們感受到自己的生活是有意義的，並且他們對自己的生活是有掌控力的。與意義不同，成就更看重環境給予的回饋。當你做完一件事，你的心情會非常愉悅，會覺得非常有成就感，覺得自己是一個有價值的人。當外界給予好的評價時，你會更加開心。

追求成就人生的人，經常會完全投入自己的工作，也常常如飢似渴地追求快樂，並在成功時感受到正向情緒，雖然這些正向情緒可能很快就會消失。心理學家艾美·瑞斯尼斯基（Amy Wrzesniewski）指出，人們對待工作有三種態度，即任務、職業、使命感。當人們把工作當作使命時，更容易感受到成就感，更進一步追求自我實現。

第二節
認識正向情緒

正向情緒是指個體由於體內外刺激、事件滿足個體而產生的伴有愉悅感的情緒。正向情緒能夠提升個體的自我認同感和幸福感，幫助個體更主動、更輕鬆、更有效地學校中的學習和工作。

一、正向情緒的研究起源

人們對正向情緒的認知，最早開始於古希臘時期。當時著名的哲學家亞里斯多德認為，快樂和願望能使人們產生一種愉悅體驗，這兩種情緒是最基本的情緒種類。但是人們對正向情緒的認知一直是比較模糊的、不確定的。因此，正向情緒在過去兩千多年的時間裡，一直沒有成為心理學的研究重點，直到臨床心理學的研究和正向心理學的興起。

1 臨床心理學的研究

臨床心理學家起初對正向情緒感興趣，主要是因為他們發現，對憂鬱患者進行正向情緒體驗的訓練，可以減輕其憂鬱症狀。

這一發現激勵了越來越多的學者研究正向情緒。但正向情緒究竟是什麼，沒有人能說得清。不過臨床心理學家在隨後對正向情緒的研究中，發現對心理疾患產生抵禦或緩衝作用的，是人類積極的力量，如勇氣、樂觀、信仰、希望、堅韌等。

2 正向心理學的興起

正是因為正向情緒的作用在臨床上得到了一系列的證實，所以研究人性的積極方面顯得更有理論價值和現實意義。

基於此，美國心理學家賽里格曼提出研究積極的心理現象，幫助人們過上更快樂、更幸福的生活，從而提出了建立正向心理學這個分支。正如前文所述，正向情緒成為正向心理學三大研究內容之一，也是幸福五元素最基本的元素。

二、正向情緒的概念

雖然人們頻繁地使用「正向情緒」這個名詞，但關於正向情緒的定義，目前還沒有統一的說法。

羅素（Russell）提出，正向情緒就是當事情進展順利，使你想微笑時所產生的那種美好的感受。

情緒的認知理論認為，正向情緒就是在目標實現的過程中，取得進展或得到他人積極評價時所產生的感受。

弗雷德里克森認為，正向情緒是個體因對自己具有意義的事情所產生的即時的獨特反應，是一種暫時的愉悅。

孟昭蘭認為，正向情緒與滿足某種需求相關，通常伴隨愉悅的主觀體驗，並能提高人的積極性和活動能力。

雖然對正向情緒有不同的解釋，但是以上學者的看法都說明了正向情緒有一個共同特徵，那就是正向情緒可以產生愉悅感受。

說起正向情緒，就不得不提消極情緒。有一個情緒模型理論，可以幫助我們更清楚地了解正向情緒與消極情緒的差異。該理論認為，人類的所有情緒都是由幾個基本面向構成的，不同情緒之間的相似性和差異性是根據彼此的距離而構成的。

目前比較公認的說法是二元模式說。該模式認為情緒是由兩個面向組成的：一個面向是效價或愉悅度，有正負兩極之分；另一個面向是喚醒程度，亦即強度，也有強弱兩極之分。

在效價方面上，由正到負，愉悅度依次降低。位於正效價那端，有愉悅感受的情緒統稱為正向情緒或正情緒；位於負效價那端，有不愉悅感受的情緒統稱為消極情緒或負情緒。

三、正向情緒的類別

哪些情緒是正向情緒呢？這個問題就涉及正向情緒的類別，或者可以說是正向情緒的種類。

雖然目前關於正向情緒的類別，還沒有明確的定論，但從以往學者對正向情緒的嘗試性分類中，我們也可以感知一二。

湯姆金斯（Silvan Tomkins）認為正向情緒應包括興趣、快樂。弗瑞德（Fred）認為愉快、興趣、期望、驚奇這四種情緒是正向情緒。拉扎勒斯（Lazarus）認為正向情緒包括愉快、自豪、希望、愛。正向情緒研究的代表人物弗雷德里克森認為正向情緒包括快樂、興趣、滿足和愛，並對這四種情緒進行了詳細的描述。

1 快樂

快樂經常是和愉快共通的，而且也和高興等相對高喚醒程度的情緒在定義上相近。快樂通常於個體認為是安全和熟悉的情境中，不需要費太大精力即可產生。在某些情況下，這樣的感覺是個體的目標有所進展或者實現而誘發。

2 興趣

興趣有時和好奇、誘惑、興奮共通。興趣經常在安全的和具有新鮮感、神祕感、神奇感的情境下產生。這種情境被看作是重要的、需要集中精力和注意力的。

興趣會產生「想去探求、開始參與，或把自己與新資訊融合、與激起興趣的人或物共享新經歷」的一種感覺。

3 滿足

滿足和平靜、靜謐這樣低喚醒程度的情緒相似，在某種程度上，等同於放鬆。滿足在安全的、有高度的確定性而不須競爭的情境中產生。根據相關研究，滿足可以促使個體深刻體悟當前的生活狀況，回味最近的成就，和他人及周圍的世界分享「獨有的價值」，把近期的事情和成就納入整個自我的概念和世界觀中，且這種情緒有助於提高創造力和開闊眼界。

4 愛

大多數研究者認為愛不是單一的情緒，人們會經歷多種形式的愛，如浪漫的愛、朋友間的愛、父母的愛。且愛的經歷只會被特定的個體感覺，如父母的愛只會被父母和孩子感知，浪漫的愛只會被愛人感知。

當然，我們不能否認一些愛會有情境性，我們也認為愛是由多種正情緒所組成的，包括興趣、歡樂、滿意等。正如伊扎德（Izard）所說：「熟人或朋友向你展示他們新的一面，讓你耳目一新，增加了親近感（對人更深的了解），帶來了快樂和滿意。在持續的友誼和愛情中，這種輪迴無止境地重複著。」

目前也有多個學者支持「愛是多種正向情緒的混合體」這一說法。他們發現，愛在一定程度上會誘發更多的興趣、滿意、歡樂等正情緒。

除了快樂、興趣、滿足、愛這四種正向情緒，弗雷德里克森又提出自豪和感恩也為正向情緒。

1 自豪

自豪就是自我價值得到認可時產生的情緒。它是一種自我意識情緒，體驗自豪需要個體具備一定的自我反思與自我評估能力。自豪是唯一一種既能讓他人感覺良好，同時還能讓人自我感覺良好的情緒。

2 感恩

感恩是受益人感知另一個人或其他源頭（如好運、命運）發揮作用，提升受益人的幸福感而產生的正向情緒。感恩體驗能促使個體對現在和未來做出建設性的、積極的評價，對積極生活有拓展功能。

四、正向情緒的相關理論

有關正向情緒的理論有很多，在這裡我們主要介紹三個理論：正向情緒的拓展——建構理論、正向情緒對認知影響的神經心理學理論、有關正向情緒來源的理論。

1 正向情緒的拓展——建構理論

正向情緒的拓展——建構理論是由弗雷德里克森提出的，它是一個全新的理論。

該理論認為，正向情緒如快樂、興趣、滿意等能拓展個體的瞬間思維活動，並且能夠增強個體所具備的資源，包括身體資源（身體技能、健康）、智力資源（知識、心理理論、執行控制）、人際資源（友誼、社會支持網絡）和心理資源（心理恢復力、樂觀、創造性）。

消極情緒一般會縮小個體的認知範圍，讓個體在情境下只產生某些特定的行為，並動員個體的身體能量以應對特定的環境挑戰。而正向情緒卻能在一般條件下促使個體衝破一定的限制，從而產生更多的思想，拓寬個體的感知範圍，增強個體的認知靈活性。

比如，感興趣是一種明顯的帶有積極特徵的情緒，它能促使個體把自己已有的經驗和新資訊整合，從而進行創造和開拓。

滿意也是一種重要的、特徵明顯的正向情緒，它在促使個體盡情享受當下生活的同時，還能促使個體把這種積極體驗遷移到對自我與周圍世界的認知上。

愛是一種產生於安全和良好關係基礎之上的、由多種情緒成分組成的複合式的正向情緒，它會不斷地重現我們的愛意，促使我們對所愛對象做出一些積極的行為，並能把這份愛和積極行為遷移到其他方面。

弗雷德里克森曾展示出「正向情緒的拓展 —— 建構理論」的作用過程，並指出這是一個螺旋式上升的過程。

2 正向情緒影響認知的神經心理學理論

隨著神經科學的興起，很多學者採用更加精密的儀器來研究正向情緒發生時的大腦機制，已有研究發現，前額葉皮質、伏隔核、基底神經節、杏仁核、腹側黑質與正向情緒的處理有重要的連繫。

前額葉皮質在行為控制中負責整合作用，當個體處理令人愉快的圖片或預期獎賞時，就會啟動前額葉皮質中的眶額皮質。伏隔核是多巴胺的投射區，已有研究發現，多巴胺能夠誘導正向情緒的產生。基底神經節有大量支配多巴胺的神經，當正向情緒產生時，基底神經節就會被啟動。杏仁核參與正向情緒的處理，已有研究發現，正向圖片能夠引發左側杏仁核的啟動，消極圖片則引發雙側杏仁核的啟動。腹側黑質與杏仁核、神經核團相連繫，其在正向情緒狀態下產生特殊的作用。研究發現，當腹側黑質被切除後，由甜食引發的正向情緒將會消失。

1999 年，艾施提出了正向情緒對認知影響的神經心理學理論。該理論認為，適度的正向情緒狀態會使多巴胺的活性升高，多巴胺可以提高思維的靈活性，增強個體克服習慣化反應的能力。這個理論很好地解釋了正向情緒是如何促進問題解決的。

3 有關正向情緒來源的理論

目前，學界主要存在三種正向情緒的來源觀點。

第一種觀點認為，正向情緒是遺傳或者進化來的，正向情緒的產生與多巴胺的釋放有關。個體的正向情緒體驗一般不會有太大改變。

第二種觀點認為，正向情緒是個體與環境互動的產物。社會文化、人生經歷、人際關係、周圍環境都會引發正向情緒。

第三種觀點認為，正向情緒是個體在做出某個選擇之後產生的，如全身心地投入工作、努力獲得成功等都可以產生正向情緒。此觀點強調正向情緒是受意志影響的變數。

五、正向情緒的心理功能

1 正向情緒的認知擴展效應

大量的研究表明，不論是短暫的正向情緒，還是比較穩定持久的正向情緒狀態——心境，對個體的認知都具有一定的拓展作用，這一觀點和正向情緒的拓展——建構理論相吻合。

研究發現，相比中性狀態與消極情緒狀態，正向情緒能夠促進思維的靈活性、提高解決問題的效率。正向情緒能夠擴展個體的感知範圍，增強個體對新經驗的開放性。

根據成人與兒童在實驗室任務和應用情境任務的研究，心理學家發現，正向情緒能促使人的記憶功能提取更多的材料，使個體在解決問題時更加靈活、完整、有效地進行思考和判斷。

正向情緒之所以能夠促進個體的創造性、解決問題和決策效率，主要是因為正向情緒對於認知活動有以下三方面的影響。

(1) 正向情緒為認知的處理提供了額外、可利用的資訊，增加了更多的可用於連結認知的成分。

(2) 正向情緒擴大了感知的範圍，促成了更多元的認知背景，增加了人們能夠認知的廣度。

(3) 正向情緒提升了認知靈活性，增加了認知連結的多樣性，即在正向情緒狀態下，個體的思維更開放、更靈活，能夠想出更多解決問題的策略，提高個體適應社會的能力。

2 正向情緒個人資源建構效應

正向情緒對於個人資源具有建構功能。這些資源既包括個體內所具備的資源，如增強心理恢復力和生理健康等，也包括人際間的資源，如改善人際關係、加強社會支持等。

正向情緒能夠促進友好行為、使人際關係更密切、擴大人際資源，可以為個體的社會適應創造更為有利的條件，進而提高其社會適應能力。同理，個體社會適應能力提高，也就可以爭取到更多的社會資源。從個體發展的角度來看，正向情緒對於個體的健康成長也是非常重要的。

3 正向情緒能夠緩解消極情緒的心理影響

正向情緒能夠撤銷消極情緒導致的各種心血管的啟動狀態，使其恢復到正常的基本狀態。

弗雷德里克森的研究對此提供了實質佐證。弗雷德里克森讓試驗者先看誘發恐懼的影片，然後隨機分配試驗者到愉悅情緒誘發組、悲傷情緒誘發組和中性情緒誘發組，各個小組都是觀看能誘發本組情緒的影片。結果發現，觀看正向情緒影片的試驗者比其他兩組更快速地從觀看恐怖影片的應激狀態中恢復過來。

另外，弗雷德里克森也進行了焦慮情緒的實驗研究，首先讓試驗者用一分鐘的時間準備演講，並告訴他們之後要演講給同伴聽並由同伴進行評價，被試的焦慮情緒導致其心率改變和血壓升高等生理反應。然後隨機分配試驗者觀看四個不同的影片片段，結果同樣發現，觀看正向情緒（滿意和愉悅）影片的試驗者，心血管活動恢復到普通狀態的速度明顯快於其他兩組。這個實驗再一次驗證了正向情緒對消極情緒的撤銷效應。

4 正向情緒對團體效能的促進作用

正向情緒不僅對個體的適應具有重要的作用，同時也對團體效能產生促進作用。

在團體內，個體的正向情緒可以相互感染和傳遞，因此營造積極的團體氛圍是極為關鍵的，這能夠激勵團體中成員的工作積極性，提高團體的效能。相關研究發現，根據員工的正向情緒程度，能夠預測其日後的升職加薪情況，同時能夠預測其未來將獲得的社會支持程度。

正向情緒會使員工以積極的心態參與工作，與其他員工進行積極的互動，形成相互信賴的人際關係，進而促進正向情緒的體驗。正向情緒可以透過模仿、表情回饋等產生。團體中的領導者的正向情緒特別具有感染力，並與團體的工作績效息息相關。

另外，研究也發現，誘發正向情緒能夠促進個體的助人行為。商店服務生的微笑能夠促進消費者的購買行為，不僅是因為感染了顧客，也是由於服務過程中的正向情緒擴展了他們的認知靈活性、創造性和移情程度，進而提高了他們的服務品質與解決問題的能力。

5 正向情緒的激發行動功能

在進化的階梯上，消極情緒與特定行動趨勢密切連繫。例如，憤怒造就攻擊欲求，恐懼產生逃離欲求。消極情緒對於應對危險和生存挑戰是必需的和關鍵的。但對於正向情緒，一般研究認為，其並不伴隨特定的行動趨勢，只伴有一般的行動，如高興、愉快伴隨著無目的行動，而滿意與放鬆的狀態相關。

儘管正向情緒不伴隨特定的行動趨勢，不產生具體的行動，但正向情緒會激發一種行動，即接近或趨近傾向。正向情緒能夠促進活動的連續性。在正向情緒狀態下，個體會保持趨近和探索新穎事物，保持與環境主動的連接。

弗雷德里克森指出，正向情緒並不只具有一般的行動傾向，同時也與特定的行動傾向相連繫。比如，快樂產生遊戲、衝破限制、創新的願望；興趣產生探索、掌握新的資訊和經驗，並在這個過程中促進自我發展的願望；滿意產生保持現有的生活環境，把自我與環境融為一體的願望；自豪產生想與他人分享成功、想在將來取得更大成就的願望；愛產生想再次與所愛的人一起遊戲、一起探索的願望。

六、正向情緒的培養策略

1 尋找積極意義

正向心理學的研究告訴我們，正向情緒的產生，不在於你的口號，而在於你的思維。你的思維反映了你如何解釋目前情況，你從當前事件中找到了什麼意義。提升個體正向情緒的關鍵途徑就是，在日常生活情境中尋找積極的意義。正向情緒源自從壞事情中找到好的方面，源自將消極的事物轉變為積極的事物。提升正向情緒的另一種策略是從好事情中尋找好的方面，將積極的事物變得更加積極。

當你將不愉快，甚至是悲慘的情況以積極的方式重新定義時，你就提高了正向情緒。就像在寒風中等待過河的老人，是怨天尤人還是充滿希望地尋找愛的力量，結局是完全不同的。也就是說，生活的意義是我們賦予的。27 年的鐵窗生涯囚禁了納爾遜·曼德拉（Nelson Mandela），也成就了納爾遜·曼德拉，這一切緣於曼德拉把囚禁當成了磨鍊意志的機會而不是壓垮自己的牢籠。幸福與苦難、挑戰與機遇總是相伴而生。

2 利用你的優勢

正向心理學之父賽里格曼曾進行過這樣的實驗研究：利用網路管道召集 577 名願意加入測試的人群，他們被隨機分配到積極干預組或者安慰對照組中。積極干預組分別進行 6 種練習，包括感恩拜訪、尋求好事和突顯優勢等練習；安慰對照組是在一週之中的每天晚上寫一段童年記憶。所有的練習都為時一週，需要兩、三個小時。

結果發現，在參加練習一週後，所有條件下的參與者（包括對照組）都變得更快樂、更少憂鬱。不過再往後，安慰對照組的參與者就恢復到原有的狀態。與之不同的是，干預組中的尋求好事練習和突顯優勢練習明顯降低了被試 3 ～ 6 個月內的憂鬱程度，還大幅度地提升了其 6 個月內的幸福感。相比而言，感恩拜訪練習的效果僅僅維持了 3 個月，3 個月之後就消失了。

那麼賽里格曼教授是如何進行突顯優勢練習的呢？首先是確認你的優勢。教授讓試驗者進行「突顯優勢行為的價值」測試（VIA 測試），也就是 24 種人格測試。測試結束後，告知試驗者排名最前面的 5 種優勢，然後進行下面的練習。

在這個星期裡，我希望你能夠抽出一段時間，用一種新的方式，在工作中、家裡或者任何閒暇時間，練習使用你的一項或多項優勢。如你的優勢是欣賞美與卓越，你就可以選擇一條更長但風景更美的上下班路線，哪怕這會多花 20 分鐘。最好的方法是創造性地使用你的優勢，並寫下這個過程。

3 真誠地生活

阿爾卑斯山谷有一條公路，兩旁景物極美，路上插著一個告示牌勸告遊客說：「慢慢欣賞啊！」許多人在這車如流水馬如龍的世界生活，匆匆忙忙地疾馳而過，無暇回首流連風景，於是這豐富華麗的世界便成了一個無生趣的囚牢。這是一件多麼令人惋惜的事啊！「朋友，慢慢欣賞啊！」

我們知道，要真正地從內心中感受到正向情緒，需要先慢下來，真誠地對待生活。現代人生活的步伐從不停歇，我們不斷地關注外界，遠離了自己的內心。隨著時間的推移，這種情況麻痺了我們的心。為了增加正向情緒，我們需要讓自己儘量慢下來，帶著一種真誠的態度用心去看、去聽和去感受，而不僅僅是用眼睛、耳朵去感知。這種減慢的速度會提升我們的正向情緒。這正是正向心理學和一般成功學的根本差別。

4 表達感激，感受善意

當你用語言或行動表達你的感激時，不但提升了自己的正向情緒，而且也提升了對方的正向情緒。在這一過程中，你加強了你們的善意，也鞏固了彼此之間的關係。當你感受到對方的善意時，你常常會讚賞別人對你是多麼友善，這引起了你的感激之情。善意和正向情緒相輔相成。只要意識到自己的善意舉動，就能夠啟動這種良性循環，使你的正向情緒大幅提升。實驗也表明，有意識地增加善意可以提升正向情緒。

不過我們有時候說「謝謝」說得很隨意，使得感謝幾乎變得毫無意義。在感恩拜訪的練習中，你可以用一種妥善、周到的方式，體驗一下如何表達感激之情。

你的任務是給你想感謝的人寫一封感恩信，並親自遞送給他。這封信的內容要具體，有 400 字左右。在信中，你要明確地回顧他為你做過的事情，以及這件事如何影響到你的人生。讓他知道你的現狀，並提到你是如何經常想到他的言行的，要寫得能撥動心弦。

寫完這封信，打電話給這個人，告訴他，你想要拜訪他，但是不要告訴他這次見面的目的。當一切都在意料之外時，這個練習會格外奏效。你在他面前，慢慢地念著信，並注意他和你自己的反應。如果在念信的過程中，他打斷了你，那就告訴他，你真的希望他先聽你念完。當你念完之後，你們可以討論信的內容，並交流彼此的感受。

5 與他人在一起

調查發現，每個樂觀向上的人都與其他人有溫暖和可信賴的關係，不論是與愛人、朋友、家人還是與同事。此外，與消極自卑的人相比，樂觀向上的人每天會花更多的時間與他們親近的人待在一起，而很少獨自待著。這可能是增加正向情緒的一種可靠的方法。

可以預測的是，當你和別人在一起的時候，你的微笑會更多、歡笑會更多，享受更多的正向情緒，並且能建立更深入和更令人滿意的連結，你的生活也會更豐富。

當你和別人在一起的時候，無論你的自然天性如何，只要表現得大膽、健談、充滿活力、積極主動和自信，你就可以從人際交流中吸取更多的正向情緒。

研究表明，你並非必須生而外向或表現得外向，培養對他人的關愛就足夠了。

因此，無論怎樣，請每天都與他人建立連繫。即使你不是一個天生就非常外向的人，也可以這樣去做。

6 享受自然的美好

對樂觀向上的人來說，自然環境可能和社會環境一樣重要。因此，提升正向情緒的另一種非常簡單的辦法，就是到戶外去。更確切地說，是在春光燦爛的好天氣裡外出。實驗證明，在好天氣裡，在戶外花了 20 分鐘以上的人，正向情緒明顯增長，具有更廣闊和更開放的思維，他們可以實實在在地在腦海中產生並保持更多的想法。

因此，當你沉浸在大自然中時，大自然的魅力不僅會吸引你的注意，大自然的廣闊也會讓你的注意力不斷擴展，為你帶來更多的正向情緒和開放性思維，並讓你在大自然中具有癒合和恢復能力。

第二章　正向情緒培養實錄

正向情緒會影響人們的生理與心理，擁有正向情緒能使人們更好地面對生活，因此對正向情緒進行培養很重要。

本章內容主要是六節學生正向情緒培養的實錄課。每個主題都包含著背景介紹、課程目標、課堂實錄與課後點評四個主要環節。

第一節
班會 1：微笑多煩惱少

一、背景介紹

1 具身情緒的含義

傳統的認知理論從行為表現上將人腦與電腦進行類比，把人腦看作類似於電腦的資訊處理系統，認為人的認知過程就是對資訊的處理過程，力圖建立心理活動的電腦模型。

但是隨著人類複雜的認知過程越來越難以用電腦來類比，具身認知理論就越來越受到關注。具身認知理論主要是指生理體驗與心理狀態之間有著強烈的連繫。研究者認為，身體在認知過程中發揮著重要作用，它的體驗與變化對認知有影響。生理體驗「啟動」心理感覺，反之亦然。簡言之，人在開心的時候會微笑，而如果保持微笑，人也會趨向於變得更開心。

具身情緒就是在具身認知的基礎上發展而來的，是在具身認知的背景下所提出的關於情緒方面的研究方向。

研究者認為，個體對於情緒的感知、體驗與表達與身體狀態及身體所處的物理環境有密切的連繫，控制面部表情、肢體動作和物理環境等也同樣會作用於個體對情緒的感知、體驗與表達。

個體不同的面部表情會影響個體對於自身情緒的認知，進而影響個體對於他人面部表情的情緒識別。比如，讓個體用牙齒咬住筆身，引起個體對於自身正向情緒的認知，讓個體用嘴唇抿住筆身，來引發個體對於自身消極情緒的認知。

2 具身情緒理論假說

關於具身情緒理論假說，詹姆斯(James)與蘭格(Lange)的情緒外周理論是最早提出情緒與身體之間密切關係的理論。此後很多學者提出了具身情緒理論，其中具有代表性的有鏡像神經元理論(mirror neuron)、面部回饋假說(facial feedback hypothesis)、軀體標記假說(somatic marker hypothesis)。

(1)鏡像神經元理論

里左拉蒂(Rizzolatti)等人在一項針對恆河猴子大腦的研究中發現，猴子在做一項規定動作時會激發其大腦運動前區皮質中的一些神經元，這些神經元在猴子觀察其他動物做相似動作時也會被啟動。研究者把這些神經元叫作「鏡像神經元」。後面關於人的研究發現，人類大腦也存在鏡像神經元系統。

鏡像神經元的主要功能是透過啟動人腦中相對應的部分腦區使個體獲得行為表徵，從而使得個體觀察到他人行為時就像自己親身經歷了一樣，個體建立內部行為表徵的過程也是個體對於他人行為、意圖和情緒的理解過程。

例如，萊斯利塔進行了一項相關的研究，他讓被試觀看人物面部表情，一組圖片為痛苦的表情，另一組圖片為中性的表情，被試的任務是判斷圖中的人物是否感覺到痛苦。觀看痛苦圖片的被試被啟動的腦區和人類真實感受到痛苦時被啟動的腦區非常相似。

鏡像神經元系統的發現，說明情緒與身體之間也有很密切的關係，它是具身認知觀的生理基礎。

(2)面部回饋假說

面部表情作為個體情緒表達的一部分，反映個體的情緒體驗。

面部回饋假說認為，個體表現某種面部表情時，會使相對應的情緒體驗產生或增強。對個體的面部表情進行控制，可以啟動和調節個體的情緒狀態。關於面部表情對情緒的兩個功能的理論，分別為啟動假說和調節假說。

啟動假說認為，即使在缺乏外界情緒刺激的情況下，個體僅僅靠調節面部肌肉獲得的感覺回饋，也能啟動個體的某種情緒體驗。例如，一直保持笑容，愉悅度也會增加；一直保持悲傷的表情，個體也會體會到更多的消極情緒。

調節假說認為，面部表情可以調節個體正在經歷的情緒體驗的強度。例如，開懷大笑可以加強開心的體驗強度，強顏歡笑也可以減弱個體對悲傷情緒的感受強度。

很多研究結果都支持面部表情對於情緒的調節作用，如研究者讓被試用牙齒咬筆身或者用嘴唇抿住筆身，模擬出開心或者悲傷的表情，然後讓被試對卡通圖片和故事進行情緒評定。結果發現，愉悅的表情增強了個體愉悅的情緒體驗，悲傷的表情增強了個體悲傷的情緒體驗。

(3)軀體標記假說

達馬西奧(Damásio)等提出的軀體標記假說，重視身體變化對於個體情緒的影響，認為情緒是由特定情緒觸發的軀體反應與中樞活動變化的集合。

軀體假說認為軀體的各種反應，如心率、肌肉等運動會映射到大腦的某些特定區域，並且被大腦作為表徵記錄下來。情緒就是軀體反應與大腦表徵的集合。軀體和大腦所產生關於情緒的信號就是軀體標記。有時候不需要軀體動作，大腦也能利用之前記憶中已有的軀體標記而獲得相似的情緒體驗。

3 具身情緒的相關研究

(1)具身情緒的語言研究

尼登塔爾等人藉由控制表情來研究情緒語言的具身化。在實驗中，被試在不同面部表情的控制下對語句進行積極或者消極的判斷。研究發現，被試在引發微笑表情的狀態下，對於正向情緒的語言的判斷比消極情緒的語言的要快;反之，在抑制微笑表情的狀態下，被試對於消極情緒的語言的判斷要快。研究者認為，當人們要對語句進行情緒判斷的時候，往往會受到自身當前的面部表情的影響。

簡言之，個體的行為狀態對情緒狀態、當前的情緒判斷存在重要影響。情緒是具身化的。

(2)情緒知覺的具身化研究

情緒知覺的具身化主要表現在個體對情緒進行知覺時會產生某種反應，如果故意抑制個體的軀體反應，可能會阻礙個體對情緒進行知覺。

尼登塔爾等人在實驗中，抑制被試的面部表情，然後讓被試觀察圖片，進而判斷圖片中的面部表情由高興到悲傷或者由悲傷到高興的臨界點，也就是讓被試來報告表情發生變化的時間點。實驗將被試分為三組，透過控制不同的面部表情進行區分，分別是用牙咬筆身組、用嘴抿筆身組及對照組。實驗結果顯示，用嘴抿筆身組被試的判斷成績顯著低於對照組的判斷成績，表明被試對他人情緒狀態的感知受到自身情緒狀態的影響。

在另一個研究中，研究者發現對被試面部表情進行控制，可顯著影響被試對顏色的判斷，而且這種影響不受年齡的影響。自身情緒與識別的情緒相一致時，被試對於顏色的判斷所受到的干擾比較小。另外，在正向情緒和消極情緒對於顏色識別任務造成干擾的研究中，研究者發現對正向情緒而言，消極情緒對於被試完成任務的干擾比較大。

(3) 具身情緒的神經機制研究

在德特尼爾和沙特朗的研究中，被試被分為兩組，一組接受一項美容手術，減少被試面部肌肉的回饋；另一組不接受任何實驗設置，正常回饋。結果發現，實驗組進行面部表情識別時，情緒的感知能力明顯受損。從中可以看出，當識別他人面部表情時，透過自動模仿識別其情緒，可以幫助人們快速識別他人的情緒。如果模仿受損，對情緒的識別能力也會下降。

對具身情緒進行 ERP（腦電）和 fMRI（功能性磁共振成像）的研究發現，被試豎著咬筆時對愉悅情緒的識別要比橫著咬筆時對情緒的識別所誘發的負成分 N220-250 更大，而誘發的正成分 P450-550 更小。而在對中性情緒進行 ERP 實驗時，並沒有出現類似的情況。這就表明，對情緒進行識別時，如果面部肌肉與當前的情緒不一致，就會造成神經上的衝突，妨礙情緒的識別。同樣地，在 fMRI 的研究中，結果顯示，當面部肌肉與當前的情緒一致時，模仿神經系統的相應部位會被強烈啟動，身體的行為會影響個體如何處理情緒。

(4)具身情緒對主觀態度的研究

在具身情緒對主觀態度的研究中，參加實驗的被試被告知他們是來研究不同的耳機功能的。被試同意時用點頭的方式表達，不同意就搖頭。被試在進行這個活動時，實驗者將一支鋼筆放在他們面前供他們使用。在實驗結束的時候，另一位實驗者將這支鋼筆和另一支新鋼筆提供給被試，要求他們選擇一支。結果發現，點頭的被試更傾向於選擇之前使用過的鋼筆，搖頭的被試更傾向於選擇之前沒有使用過的鋼筆。這表明身體行為影響人的主觀態度與偏好。

二、課程目標

俗話說，人非草木，孰能無情。我們都希望自己能收穫更多的快樂與微笑、更少的憂愁與煩惱，這就關乎我們能否主動管理自己的情緒。藉由調整自己的認知，能夠讓自身正面問題，積極解決問題，保持樂觀心態。

本班會的主題是正向情緒的培養，透過團體活動，讓學生在體驗中、分享中、反思中了解正向情緒、體會正向情緒，引發內心愉悅的情緒體驗。

三、課堂實錄

楊老師：同學們好，我叫楊××，同學們可以稱呼我為——

開場：進行簡單的自我介紹，然後引入主題——「微笑多，煩惱少」。

學生們：楊老師。

楊老師：謝謝同學們，同學們好！

學生們：楊老師好！

楊老師：好的，謝謝同學們！

請大家看一下螢幕。今天我們這堂課的題目叫什麼呢？

學生們：「微笑多，煩惱少，正向情緒培養。」

楊老師：好的，現在大家看一下這個題目，我們今天要講的題目叫作「微笑多，煩惱少」，我看你們微笑了嗎？

（學生們笑）

楊老師：大家都笑了。好的，現在我想問大家一個問題，大家動動你們的小腦袋想一下，是因為微笑多了所以煩惱少了，還是因為煩惱少了所以微笑多了呢？

透過「微笑多了煩惱少了還是煩惱少了微笑多了」這個問題讓學生意識到這樣一個觀點：煩惱少了微笑會變多，同時微笑的行為多了煩惱會減少。

學生們：煩惱少了所以微笑多了。

楊老師：是因為煩惱少了微笑才會多是嗎？如果微笑多了，煩惱會不會少呢？

學生們：會。

楊老師：也會是不是？我知道我現在很煩惱，但是我這時候展現出自己的微笑，我的煩惱會不會減少呢？

學生們：會。

楊老師：好，這個觀點很好。那麼我們今天來進行一個正向情緒的培養。那講到正向情緒，比如說微笑，微笑表達了我們的什麼心情呢？

學生 1：開心。

透過提問，讓學生了解微笑表達了什麼樣的正向情緒。

楊老師：開心，是不是？還有什麼？

學生 2：喜悅。

楊老師：喜悅，對，還有嗎？

學生3：快樂。

楊老師：快樂，還有沒有？

學生4：激動。

★小活動——捏耳朵打招呼

作用：活躍團體氣氛，消除學生的防衛心理，緩解拘謹的情緒。

同時藉由這個活動讓學生體驗到不同的情緒。

楊老師：激動，還有嗎？

學生5：興奮。

楊老師：對，還有什麼？

學生6：愉快。

楊老師：好的，現在請各位同學站起來，大家圍起來站成一個圈，把椅子往後挪，我走到圈圈裡面。

（學生們按照要求做……）

同學們，大家首先看一看你身邊的同學是誰？都認識嗎？現在把你的右手高高舉起來，用你右手的大拇指和食指，輕輕地捏你右邊同學的耳朵。注意是輕輕地，不能那麼用力。同時告訴右邊這位同學「早安」。跟右邊同學說完之後，就趕快回應左邊的同學「你也早安」。好，換一隻手，再來一次！

（學生們按照要求做……楊老師注意到有一個同學沒捏住耳朵。）

楊老師：你怎麼沒捏住？把你的左手舉起來，用你的大拇指和食指輕輕地捏一下，捏住你左邊同學的耳朵。

你怎麼不好意思？你看那邊的同學都捏了，沒關係的，捏上去，輕輕地，平常同學們沒有這種機會喔。你告訴左邊這位同學，說你在我身邊，我覺得很好。好的，把手放下。我問一下，你現在是什麼心情？

學生 1：愉快。

楊老師：你是什麼心情？

學生 2：激動。

楊老師：你呢？

學生 3：開心。

楊老師：你呢？

學生 4：開心。

楊老師：也很開心，你呢？

學生 5：感覺很刺激。

楊老師：你也是感覺很刺激？

學生 6：嗯。

楊老師：接下來還會有更刺激的。

透過讓學生思考關於開心與快樂的成語，讓學生進一步了解關於正向情緒的成語。

楊老師：現在我想問一下大家，當你開心的時候、當你快樂的時候，你會想到哪些開心和快樂的成語？注意聽，我說完之後，你們馬上就搶答，看誰回答得好，注意不能說重複的成語，別人說過的你就不能再說了。現在開始，當你開心的時候、當你高興的時候，你馬上能想到的，形容自己又開心又高興的成語是什麼？

學生1：喜上眉梢。

學生2：眉開眼笑。

學生3：喜笑顏開。

學生4：歡天喜地。

學生5：欣喜若狂。

學生6：興高采烈。

楊老師：還有沒有？

學生7：喜出望外。

學生8：心花怒放。

學生9：歡呼雀躍。

楊老師：太棒了，還有沒有？這兩位同學還有，你先來。

學生10：眉飛色舞。

楊老師：太棒了，你有沒有？

學生 11：喜極而泣。

楊老師：掌聲送給他。剛才說到喜極而泣，泣是痛苦地哭嗎？

學生 11：不是。

楊老師：對，一定是開心地哭，對不對？開心得流眼淚了，是不是才叫喜極而泣？同學們，剛才我們在這個活動中，大家體驗到了快樂、高興、開心、激動，對嗎？好，我想問大家一下，是什麼讓你感受、體驗到高興和快樂了呢？剛才我們做了什麼讓你體驗到了？

楊老師：有同學說捏耳朵就讓我感到很開心、快樂，是大家一起捏，對不對？同學們相互捏捏耳朵就感到快樂，是不是？下次不開心的時候也可以捏耳朵。下次我想開心的時候我就可以怎樣做呢？

學生們：捏耳朵。

楊老師：除了捏耳朵還有沒有別的？有？好的，我們看一下，現在有 40 位同學，我們要分成 5 個組，從你這裡開始報數，1、2、3、4、5，報數，好不好？從你這開始。

★簡單的分組方法——報數

學生 1：1。

學生 2：2。

學生 3：3。

學生 4：4。

學生 5：5。

學生 6：6。

楊老師：1、2、3、4、5 報數，1、2、3、4、5，1、2、3、4、5。來，再來。

學生 1：1。

學生 2：2。

學生 3：3。

學生 4：4。

學生 5：5。

學生 6：6。

楊老師：我想訪問一下這位同學，你開心嗎？

學生 6：很開心。

楊老師：那為什麼兩次都報錯了呢？

學生 6：因為太激動了。

楊老師：你看他很幽默，當尷尬的時候，他用這種幽默的方式緩解了這種尷尬，對吧？很好，從你這開始。

（學生們陸續報數……）

楊老師：不是有 40 位同學嗎？這樣分 5 組，多一個也沒關係。報 1 的同學，聽我說完，你們再開始動，報 1 的同學在這裡，報 2 的同學在那個角落，3 在那個角落，4 在那個角落，5 在中間。OK，開始！

楊老師：你是 1，你把手舉起來，你喊一下。你們 1 號組圍成一個小圓圈，把椅子往後放。你們是 3 對吧？ 3 號組。你們是 2 號組對吧？來，圍成一個小圓圈，把椅子往後放。看哪一組最快，圍成一個小圓圈，身體貼著身體，不要太遠。

楊老師：現在我們各組有八位同學，那麼大家看一下你的組員，下面要請大家選出我們的組長。等會兒我喊 1、2、3，你想推選誰擔任組長，你就趕快跑過去，用右手捏住他的耳朵。準備好了沒有？好，預備 —— 1、2、3 ！

（各小組行動中……）選組長的方式 —— 捏耳朵。

楊老師：好，你們組是他，非常榮幸。你們組呢？我看一下，選擇他嗎？好。你們組選誰？選他。這邊捏得多，幾個？你們是 3 個人，你們是幾個人？ 1、2、3，都一樣，怎麼辦？你們 2 個。

學生 5：我 4 個。

楊老師：你 4 個，你自己捏自己，那就他了。

好，請大家坐好，請各組選出來的組長先站起來，我們首先請各位組長來說一下你們對各自的組員有什麼想說的，好不好？

學生 1：我對我的組員們很有信心，只要我們團結，我覺得就是最好的。

楊老師：掌聲送給他們。

5 位組長各自表達了對於本組的信任與期望 —— 透過團結努力達到最好的成果。

學生 2：我很高興，因為我的組員們選了我，所以我會跟我的組員們一起努力。

楊老師：掌聲。

學生 3：我對我的組員們沒有什麼要求，只要他們盡力而為，我就很滿意了。

學生 4：我對我們組也很有信心，只要我們團結起來，就能做到最好。

學生 5：我覺得我們組充滿信心，因為我覺得我們比他們好。

楊老師：大家都是很棒的，各位組長都信心滿滿。

楊老師：好的，同學們看這裡，你們分組以後，要在組長的帶領之下完成一些活動，所以如果你不認真聽，就可能誤會我的任務要求，大家要注意聽。我們剛才將關於高興和快樂的成語都已經說過了。下面來進行這樣的活動——你畫我猜。我請兩位同學到前面來，一位比畫成語，比畫成語的時候不能說出這個成語中的每個字的意思，諧音都不能說，那麼你要用你的表情、肢體動作來表達，然後讓另一位同學來猜這個成語。

分組選組長　「你畫我猜」活動

楊老師：首先我們來示範一下。我請兩位同學，一個到前面表演，一個猜，(一位同學舉手)好，這個同學，來。還有哪位？（另一位同學舉手)好，你上來，你要猜，好，你就站這，不看螢幕，然後你(比畫的同學)到那邊比畫。大家要注意聽、注意看他們兩個人表現怎麼樣。

★主題活動——你畫我猜

每組選兩位學生上來，一位學生看大螢幕上的詞語，然後運用肢體動作和表情來表達所看到的情緒詞語，另一位學生不能看螢幕，要根據對方表現的肢體動作和表情來猜測詞語。

作用：透過此活動，加強學生之間的默契程度以及團隊合作的精神。認識關於正向情緒的詞語，用動作表現出來，增強學生的正向情緒。

學生們：太難猜了。

（學生們在下面說話）

楊老師：太難猜了嗎？就是難猜才會有挑戰性、才好玩。不能說話。

（學生們開始示範……）

猜的學生：喜笑顏開。（猜對了）

楊老師：訪問一下你為什麼能猜到？

猜的學生：因為我剛才看他一直笑，就是關於笑的成語，然後他剛才那個表情好像就是顏開的樣子，所以我覺得是喜笑顏開。

楊老師：給他們掌聲，你到前面來，好，我來訪問一下這位同學，你當時是怎麼想的？

比畫的學生：我就想表現是怎麼笑的，然後再看那個喜笑顏開，我覺得眉毛應該動一動。

楊老師：眉毛應該動一動？所以你的眉毛動了，是吧？那麼在這個表演的過程中，你有什麼感受呢？

比畫的學生：就是有點緊張。

注意事項：

(1) 猜詞語的過程中不能說出那個詞語包括諧音，只能以肢體動作、表情表現出來。

(2) 其他的學生不能提醒。

(3) 猜詞語有時間限制。

楊老師：有一點緊張，有點放不開。如果大方一點，可能會怎麼樣呢？

比畫的學生：會更好一點。

楊老師：會更好一點，對吧？等一下再有人表演的時候就要放開一點，好不好？掌聲給他們。

楊老師：再請兩位同學來表演一下，剛才大家看到這兩位同學，猜的同學很睿智，透過另外一位同學的語言、表情，看到了他內心的情緒、內心的感受。現在我們再找兩位同學。

楊老師：哪兩位同學自告奮勇？來，到前面來，還有誰上，這對躍躍欲試。你們誰猜？你們兩個商量一下，你猜，但是這一次要計時了。你猜、你去表演，大家要放開一點，一定要大方，好，我們掌聲給他們好不好？

楊老師：鼓勵鼓勵他們，讓他們兩個能大方一點，在這個過程中，大家注意看他們兩個人的動作，然後你們猜的時候我要給你們計時，計時30秒。等一下我說開始，對，30秒，大家都不要說話，也不准提示。

（學生們表演）

猜的學生：喜極而泣。

楊老師：他說喜極而泣，不對。猜到了嗎？你呢？好，時間到，來，你看一下。如果讓你表演這個成語，你怎麼表演？

（該生表演）

楊老師：他如果這樣表演你能猜到嗎？好，來前面，我訪問一下，在這個過程中，你有什麼體會？

比畫的學生：剛剛看到這個「興高采烈」，我就一直想著要怎麼表現。像那個「喜笑顏開」，就是一個表示人非常開心的成語，但這個「興高采烈」怎麼用動作來表達？

楊老師：怎麼表達出來，是吧？也就是說還沒想好，是不是？而且時間也很短，沒想出來，但是在這個過程中，當你表達的時候，你內心是怎麼樣的？

比畫的學生：我就一直等著他看。

楊老師：你是不是一直在等？來，我們看這位同學，他也是有一點緊張。我想問你，如果「興高采烈」讓你來表演的話，你給大家表演一下，好不好？表演你自己理解的。

沒關係，只管表演，還沒想好？有沒有誰想好的？（有學生舉手）來，你到前面來，看看「興高采烈」怎麼表演？好，開始。這是什麼？興高采烈，那你是不是能猜到興高采烈？

猜的學生：沒有。

楊老師：沒猜到對嗎？這個詞的字面意思真的比較抽象，只可意會，不可言傳，是吧？很好，給他們掌聲。好，你們回去。

楊老師：我們現在已經有了兩次示範，好，下面我們就開始分組，分組這樣分，大家注意聽。我們一個組一個組來，一個組派一個代表來比畫，小組其他成員猜，另外的組不要出聲，好不好？而且組內其他成員不能看螢幕，也不能偷偷瞄。

每個小組的成員依次上臺用面部表情或者肢體動作來表達自己看到的情緒詞語，組內的其他成員進行猜測。

楊老師：我們來看一號組，誰來比畫？好，你去比畫，好，你們幾個都朝向那邊。好，準備。

1 號組成員：歡呼雀躍。

楊老師：不對。

1 號組成員：喜上眉梢。

楊老師：喜上眉梢，不對，你再比一下。

1 號組成員：心花怒放。

楊老師：掌聲給他們，心花怒放，第一組挑戰成功。第二組在哪呢？第二組，來，誰來比畫一下？到前面來。好，其他同學面向大家。我們來看一下，看第二組怎麼樣。

2 號組成員：開懷大笑。

楊老師：不對，再來，你再接著表演。

2 號組成員：仰天長嘯。

楊老師：仰天長嘯，不對。

2號組成員：捧腹大笑。

楊老師：捧腹大笑，什麼大笑？接著再表演。好，時間到，大家看一下，拊掌大笑。他表演得是不是滿好的？可能這個詞語大家不是很熟悉，是不是？所以沒想到，你看，他拊掌，其實那些同學說哈哈大笑、捧腹大笑都已經很接近了，對吧？好，掌聲送給他。

人的行為和其心理是緊密連繫的，透過小組成員之間肢體、表情的表達，實現教育效果的最大化。

楊老師：好，第三組來，到前面去，大家朝向這邊，朝向老師這邊，對，不要看螢幕，大家別說話。

3號組成員：歡呼雀躍。

楊老師：歡呼雀躍？

1號組成員：歡呼雀躍說過了。

3號組成員：手舞足蹈。

楊老師：手舞足蹈？你再表演。

3號組成員：活蹦亂跳。

楊老師：活蹦亂跳，太棒了，看一下，給這些同學掌聲，你是怎麼猜到活蹦亂跳的呢？

學生7：他就是一邊蹦一邊跳，感覺很開心、很高興的樣子。

楊老師：你說你在又蹦又跳的時候是不是特別開心？對，好，所有同學給他們掌聲，第三組挑戰成功。我們來看第四組。來，你們朝向那邊，注意看，別出聲，對。你繼續表演，別說話。

4 號組成員：手舞足蹈。

楊老師：不對。

4 號組成員：喜出望外。

楊老師：你來說說你是怎樣猜到的？

4 號組成員：我剛才看的是第一個字，他笑，我覺得一定跟笑或者喜這類有關，然後第四個字，他看向外面，然後我就聯想到喜出望外。

楊老師：有沒有看到螢幕？

4 號組成員：沒看到。

楊老師：好，請坐，掌聲送給他們。那我想訪問一下這位同學，就是「喜出望外」這個詞語，剛才在表演的時候，這位同學的表演比較秀氣。有沒有其他同學，覺得自己可以表演一下「喜出望外」，讓大家一下就能猜到？來，你到前面來，我覺得這個一定很好表演，你表演一下，喜出望外。像猴子一樣？還有嗎？就沒了？這樣子猜不到喜出望外，還有沒有誰覺得「喜出望外我可以表演，讓大家一下子就猜到」？你來，你表演，手語，你還會手語？你會手語，別人不一定看得懂，你要讓猜的人看得懂。好，你來，你去表演。好，掌聲送給他。

各小組成員用動作表示語氣。

學生 8：像這樣，用心，然後開門出去。

楊老師：開門出去，是吧？

學生 8：然後向外望。

楊老師：這樣子，你再來表演一下。

學生 8：喜，出，望，然後外。

楊老師：掌聲送給他，是不是很好？好，那麼第五組，還剩第五組，已經想好了，已經派好了，好的，注意，其他同學不要說話，別出聲。

5 號組成員：手舞足蹈。

楊老師：太棒了，你是怎麼猜到的？

5 號組成員：他的手在上面，一直揮動。然後就想到手舞足蹈這個成語了。

楊老師：他一看表演的同學的那雙手在動，就想到手舞足蹈，這個「足」還沒「蹈」就猜到了，是不是？你是這樣表演的，是吧？

比畫的學生：對，我看到「手舞」，然後就準備表演手，手表演完之後再表演足。

楊老師：手表演完了再表演足，然後就可以猜到了，對吧？好，先給第五組掌聲，先給他們鼓勵。

楊老師：我們挑戰成功的有哪幾個組？四組是嗎？第一組、第三組、第四組、第五組，是吧？那就第二組沒有挑戰成功，再給你們一個機會好不好？

失敗的小組繼續挑戰。

楊老師：到前面來，到前面找一個同學，你們看其他同學模仿之後，一定會受到啟發，再來一次。這一次我要給你們很短的時間，因為你們是第二次機會了，其他同學別說話。

2 號組成員：開懷大笑。

楊老師：不對。

2 號組成員：仰天長嘯。

楊老師：不對。

2 號組成員：捧腹大笑。

楊老師：太棒了，你是怎麼猜到的？

2 號組成員：因為他。

楊老師：捧著肚子大笑是吧？好，太棒了，這個詞語比較好猜。好，那麼各位同學，來，我問一下大家，大家感覺開心嗎？

學生們：開心。

楊老師：快樂嗎？

學生們：快樂。

楊老師：請把掌聲送給你的同學和你自己。掌聲熱烈一點，我看你們開心嗎？快樂嗎？那麼我們再來看一下這個。剛才我看到大家那麼開心，因為時間的原因，這後面我就不讓大家再表演了。

楊老師：來看這裡，我們為什麼要猜成語？為什麼要這樣做？其實我是想告訴大家，心理學研究表明，人的情緒是由行為反應引起的，就是當我感覺到快樂、高興的時候，實際上是由我的行為引起的，我表現出快樂的、很開心的行為，我就能夠獲得開心和快樂的情緒，如微笑就能使人快樂。我看一下，同學們都露出了八顆牙齒。微笑能夠使人快樂，皺眉就使人覺得消沉。所以到這裡我想問大家，是因為微笑多了才會煩惱少，還是因為煩惱少了才會微笑多？

介紹進行「你畫我猜」這個活動的原因。心理學研究表明，人的情緒是由行為引起的。當你表現出快樂的行為，你就會體驗到正向情緒。

學生們：微笑多，煩惱少。

楊老師：也都一樣，也就是說，當我們微笑多的時候，煩惱就會少。當然了，煩惱少的時候，微笑也就會多，所以人的積極行為是可以喚起人的正向情緒的。當你心情不好或者想調節自己的情緒時，就用積極、正面的行為去喚起身體裡的正向情緒，正向情緒使人保持覺醒的狀態，使人的表現更好，是嗎？人的表現變好了，就能夠更好地完成工作。對，這就是我今天要告訴大家的一個道理，大家覺得是這樣嗎？

學生們：是。

楊老師：認同嗎？

學生們：認同。

楊老師：好，那麼下面我想問一下同學們，你們每個組在組長的帶領之下想一想，你們平常有什麼的積極行為？寫出 4 個表示積極行為的詞語。記住是積極的行為，大家小組討論一下積極的行為。給你們一張紙寫下來，給組長。

小組交流討論積極行為的詞語（分組討論）。

學生 1：老師，我有一個問題，一定要是 4 個詞嗎？

楊老師：不一定，2 個詞，3 個詞，10 個詞都可以。寫到紙上。我給你們 3 分鐘的時間，看哪個組先完成。這個詞語不一定是成語，2 個字、10 個字都可以，就是平常的積極的行為，時間是 3 分鐘。你平時有哪些積極的行為？

學生 2：抱一抱。

各小組成員進行交流，討論自己平時的積極行為，以及讓自己體驗到的情緒。

楊老師：抱一抱，對，比如說跟好朋友抱一抱，是吧？這個也很好，寫下來，抱一抱，還有沒有其他積極的行為呢？比如說唱歌、跳舞，或者出去玩。就是平時你做的哪些積極的行為可以讓自己幸福，吃美食對不對？還有沒有？運動，比如說跑步，還有唱歌、跳舞，這都是可以的。

楊老師：親愛的同學們，不是讓大家寫成語，就是說你們的積極的行為、動作。你們平時做的哪些是積極的行為？

學生3：舉手發言。

楊老師：舉手發言，這個行為讓你感覺到了快樂和幸福是嗎？是的，哦，很棒。那你們的生活中還有沒有哪些積極的行為呢？

學生4：跳舞。

楊老師：對，唱歌，跳舞，寫吧。

學生5：微笑。

楊老師：微笑，對，還有沒有？

學生6：尖叫。

楊老師：尖叫，這個也是可以的。大笑，對，大笑。

學生7：喜上眉梢。

楊老師：不是讓大家寫成語，就是說你們平時的行為、動作，積極的行為、動作。

學生 8：掃地，打掃。

楊老師：打掃能讓你開心，是吧？很好。游泳，太棒了。寫幾個了？

學生 9：4 個。

楊老師：好，接著寫，這個很好，還有沒有？還有，一定還有。

學生 10：老師，好了。

楊老師：第一組已經結束了，太棒了，誰寫好了趕快舉手，哪一組寫好了？第一組寫好了，第二組寫好了，第三組也寫好了。大家安靜，第四組和第五組還可以給你們 30 秒鐘。第一組全部站起來，你們寫了 9 個。你們面向大家，組長說給大家聽，你們組寫的積極行為有哪些？

各小組成員依次分享積極的行為。

學生 1：我們的積極行為有狼吞虎嚥、互助、郊遊、跳舞、抱一抱、逛街、唱歌、放風箏、交朋友。

楊老師：交朋友，好，那我有一個疑問，大家注意聽，你們還要挑一下毛病。有一個行為叫狼吞虎嚥，這個是積極行為嗎？為什麼說這個是積極行為？

學生 1：因為很積極吃飯。

楊老師：很積極吃飯。

學生 1：意思就是飯好吃讓自己感到快樂，然後吃得會快一點。

楊老師：明白了，就是美食讓你感到很快樂，對吧？掌聲送給他們，很棒，請坐。看第二組，第二組來，全部站起來，其他的同學注意聽。好，你來說。

學生 2：跳躍、微笑、上課、運動、舉手、佳餚、唱歌、做遊戲、跳舞、小憩、聽歌、閱讀。

楊老師：這裡面有分類，其中有文藝活動，如唱歌、跳舞；還有運動，如跳躍；另外還有一個是美食。跟他們第一組有相似的地方，吃美食很棒，掌聲送給他們 ，請坐。

來，這一組，你們誰到前面來分享？到前面來。

學生 3：掃地、拖地、唱歌、看書、跳舞、洗碗、聽音樂、玩遊戲、交朋友、運動。

楊老師：等一下，他這裡面有兩個是掃地、拖地，這也是很積極的行為？為什麼？

學生 3：因為我覺得這是可以幫助父母或者讓父母更開心的事，也可以讓我們更積極。

楊老師：真的很好，這是他們組跟別的組不一樣的地方，就是說他們在掃地、拖地的時候能感到一種快樂，感到親情帶給自己的快樂。掌聲送給他們，真的很棒，請坐。

好，我們來看這一組，他們還在補充。來，寫好了沒？面向所有同學，站這邊來。

學生 4：跳舞、大笑、微笑、唱歌、閱讀、尖叫、蹦跳、歡呼、跑步、勞動。

啟發學生思考自己的積極行為，聯想到正向情緒。

楊老師：他們組裡有一個是其他組沒有的，除了唱歌、跳舞、跑步之外，還有一個閱讀。讀書是吧？讀書，看書，還有一個是尖叫。尖叫就是當自己快樂的時候，奮力把自己的心情表達出來，是不是？但是尖叫也要分時間、分地點、分場合，對嗎？請坐，謝謝你們，掌聲送給他們。第五組看你們的了，你們就面向老師。

學生 5：我寫了 12 條。

楊老師：12 條，這麼多。

學生 5：唱歌、跳舞、彈鋼琴、做遊戲、游泳、捉昆蟲、運動、釣魚、邊走邊跳，還有野餐、挖坑、挖水渠。

楊老師：訪問一下，為什麼挖水渠是一個積極的行為？

學生 5：因為我認為做這些事的話，完成之後就會有一種成就感，那種感覺很令人高興的。

楊老師：很快樂是吧？積極的行為就會帶來積極、正向的情緒，真的是太棒了。還有一個是捉昆蟲。

學生5：這個活動是很有樂趣的，在這種享受中，我會變得快樂。

楊老師：好，掌聲送給他們，很棒，請坐。

親愛的同學們，剛才在討論的過程中，大家感受到了開心與快樂，而且也找到了你們所共有的積極行為，是吧？那麼積極的行為，能給我們帶來積極的情緒，積極的情緒就能讓我們的生活更加順利、更加開心。

楊老師：正向心理學家認為，積極的情緒可以激發人積極向上的能量，讓有機體發揮振奮的作用，對人的生命和活動能產生很好的促進作用，還替人的神經系統增添新的能量。也就是說，你的正向情緒能讓你的腦袋怎麼樣？更聰明，對嗎？更能夠激發你的創造力，所以很棒。

結尾：以詩歌或歌曲結束，溫暖團體氣氛，進行情感交流。

楊老師：最後，請大家圍成一個圈，把椅子放在最後，看哪一組是最快的？圍成一個大圈，不是坐那裡，站起來。下面我放一首歌。大家拍拍手，可以跟著一起唱，「如果感到幸福，你就拍拍手」。同學們可以一起唱，「如果感到幸福，你就拍拍手」。

（學生們唱歌中……）

好了，親愛的同學們，今天你們快樂嗎？

學生們：快樂。

楊老師：謝謝，同學們，最後我想訪問一下幾位同學，你今天有什麼收穫嗎？

學生 1：我收穫到了快樂，第一次這麼快樂，因為平常在家都是一個人，現在朋友很多。

幾位學生分享自己在這堂課上的感受、體會與收穫。

楊老師：和同學們在一起非常快樂是不是？你呢？

學生 2：感覺我今天比平常更積極一點，不是像原來在課堂上那樣嚴肅，回答問題很緊張。在這個地方，我是帶著快樂的情緒去和同學一起討論，一起開心地回答問題。

楊老師：掌聲送給他，太棒了，積極的狀態就會給我們帶來積極的情緒。你的收穫是？

學生 3：我也感到很快樂，比平常一個人的時候要快樂，能跟大家一起參加這樣的活動，跟大家一起玩，我非常快樂。

楊老師：跟大家在一起很快樂。

學生 4：我今天感到非常快樂，因為今天我能和這麼多同學一起參加這個活動，我在這個活動中也收穫到很多。我知道了，當自己有許多煩惱的時候，如果我微微一笑，或許這個煩惱就會一帶而過。

楊老師：真的太棒了，掌聲送給他。很對，也許我們微微一笑的時候煩惱就會少了。你有什麼收穫呢？

學生 5：我感到很高興，我覺得我們以後要用積極的心態去面對一切消極的事情，這樣我們會把消極的情緒轉化成積極的情緒。樂觀的心態是非常重要的。

楊老師:好，掌聲送給他，太棒了，我再訪問幾個女生，你來說。

學生 6：我覺得今天這堂課很有意義，因為我在這堂課中學到了，我們要在生活中多多微笑，這樣生活中的煩惱才能減少，而且我也知道了當我想獲得正向情緒的時候，我可以做什麼事。

楊老師：真的太棒了，你呢？

學生 7：我感覺多微笑就少煩惱。

楊老師：非常簡潔，掌聲送給他。太棒了，親愛的同學們，希望大家今天回去以後多多開心、多多微笑，上揚你們的嘴角，把你們的歡聲笑語、你們的微笑帶給身邊的同學，也帶給你生活中的所有親人、朋友。今天的課到此結束。感謝大家。

學生們：謝謝老師。

四、課後點評

1 課程評價

(1)進入主題速度加快，快速帶入主題

這堂心理健康課是第一堂課，到了上課時間準時開始。楊老師從微笑入手，帶領學生討論，除了快樂，還有哪些正向情緒。然後讓學生起立，看看自己身邊的同學是誰。這樣的進入主題速度比之前的課程好很多。接著直接開始活動，同學們之間開始打招呼、捏耳朵。前面的零碎內容沒有出現，表示老師的技巧、策略、理念與方法用對了，可以直接進入主題。

(2)在課堂中積極行動，體驗正向情緒

提升正向情緒的技巧具備一些特徵，第一個特徵就是要行動。老師在帶領學生時說：「請大家把拇指伸出來跟我點個讚。如果你覺得我不錯，你就點這裡，如果很好，就點這裡。」根據這樣的指令，老師讓學生把手伸出來去行動。身為老師，在課堂上要行動起來，不能只坐在那裡不動。我們如果總是讓學生動起來，自己不動，這樣學生也是很難行動的。

第二個特徵就是要互動。老師與學生之間有接觸，要產生正向情緒不僅僅要有接觸，也要有利社會行為。在互動中，人與人之間產生情感連繫，透過行動讓學生體驗到正向情緒。

正向情緒是每個人的動力。正向情緒推動一個人解決問題，找到更好的自己。正向情緒是人們往前發展、走向幸福、走向成功需要的「油」，而且這個「油」不是別人給你加的，而是自身所具有的，只是暫時被擱置了，你需要找到機會去啟動，不斷去刺激它，這樣正向情緒就會越來越多。

(3)深入淺出地用通俗的方法講述高深的理論

在這堂課上，楊老師說哪些成語可以代表開心，從開心入手，而不是說專業的術語 —— 正向情緒。不要小看這個轉變，我們通常都說深入淺出，一句深入淺出，能把高深的理論用通俗的方法講出來，而且帶領大家體驗，這就已經非常厲害了。不告訴你是什麼，又幫助了你，也不需要你感謝，這才是真正的助人者。

大家一起來看，楊老師問為什麼大家這麼開心，同學們說因為捏耳朵。楊老師又問還有哪些行為可以讓大家開心，這就是啟發大家發現自己的積極行為，從而為後面做鋪墊。因為後面整個教學都圍繞著正向情緒和積極行為的關係，都圍繞著讓我們不斷地提升正向情緒的目的，進而促進展開正向情緒。學生只有了解並體驗到，才能更好地做到。沒有了解也就體驗不到，這樣就不能發揮更佳的教學效果。

在活動「你畫我猜」的體驗中，很多人會有疑問，覺得在課堂上用娛樂節目中的遊戲來教學，能發揮效果嗎？綜藝節目就經常玩這種遊戲。其實技巧本身只是一個載體，你只要有理念和理論，而且好好地帶領，就可以利用了。

大家一起來想想楊老師今天在課堂上講的內容，她講得很「高深」嗎？她帶領學生做得好不好？課堂是務實的，一切都是為了教學成效，為了孩子的心理成長，而不是為了老師自己的虛榮心。

(4)課堂的安排符合正向情緒的理念

不管是正向情緒培養課，還是其他的課程，一方面需要學生認知，另一方面需要學生體驗。認知是透過自己理解，以後可以更好地去幫助自己；體驗則是潛移默化地影響學生的行為。這兩個目標都可以。過去的心理輔導，很多情況下不需要解釋理論給學生聽，他們不需要知道這些理論和道理，在體驗中提高他們的心理素養就好了。

在這堂課上，一對學生猜成語 —— 喜笑顏開，在他們猜成語的時候，不經意地就被種下了對正向情緒的認知和提升正向情緒的方法。各小組準備比賽，小組與小組之間猜成語，當學生猜與情緒有關的成語的時候，這就是一種認知，再讓學生做動作，也就使他們體驗到了這種情緒。

總而言之，這個課堂的選題和安排，是符合正向情緒的培養理念的。

2 其他思考

(1) 體驗式團體教育模式的階段

體驗式團體教育模式可分四個階段進行。第一階段可以利用當下所有的條件來設立「場域」。老師有個啟動體驗教育的階段，要充分利用此時此地，進行暖場。這個階段主要是引導學生，促使學生開始親歷或選擇親歷的方式。在這堂課上，楊老師一開始以微笑開場，問學生微笑表達了什麼，引導學生感受微笑。

第二階段相當於個體親歷的過程。在這個階段，學生直接參與到老師設置的情境中親身體驗、參與活動、獲得感受。在課堂上，老師採用了「捏耳朵」這個活動，讓學生參與其中，親自體驗到這種正向情緒。

第三階段是體驗的關鍵階段，相當於個體體驗的第二階段。個體透過反思、同化或順應等方式，將親歷中對知識的感知或者對情境、人物的情感體驗內化為自身的行為或觀念。在這個過程中，老師要善於發現學生的新體驗與固有觀念的衝突，及時引導學生在衝突中提升認知。在這堂課上，楊老師採用「你畫我猜」這個活動，讓學生在行動中學習積極行為與正向情緒，提升自身的正向情緒。

第四階段相當於個體體驗的第三、第四階段。由於個體體驗的程度或者體驗本身的內容不盡相同，有的學生經過一次體驗與反思，就可以形成人生經驗，有的學生則不行，同一情境需要反覆體驗，或者需要在不同的情境中反覆體驗。絕大多數學生屬於後者，因此，體驗需要經過不斷外化、不斷調節才能夠形成的。在課程的最後，楊老師透過讓學生小組討論在生活中的積極行為，不斷深化學生對積極行為的認知，也讓學生體會到正向情緒。

(2)行為與情緒之間的關係

行為是有機體的反應系統，由一系列的動作和活動組成。刺激是引起行為的內外因素。具身認知理論認為，我們不只是大腦在認知，我們的胃以及其他的神經系統也在認知，我們的整個身體都在認知。舉個例子，有的人的走路姿勢為什麼比較特別？就是因為他記住了他曾經的一個行為。有的小孩為什麼喜歡趴著睡呢？就是因為他記住了身體的一個行為，這就是身體的認知。你的胃為什麼喜歡吃某一道菜，一旦吃到你就想到某個人，這就是你的胃的記憶認知。

整個身體的活動可以重新改寫一個人的情緒，而情緒也是認知的一種。根據這個理論，一個人外部的積極行為可以促進正向情緒的產生。在「猜成語」的體驗中，楊老師提到人的情緒，微笑使人快樂，皺眉使人煩惱。她深刻理解了積極行為和正向情緒的關係。楊老師提問狼吞虎嚥為什麼是積極行為，其實這個時候的狼吞虎嚥就是一種具身認知。

人的行為與人的情緒一般是一致的。別人高興地跟你說他被別人欺負了，你相信嗎？別人很悲傷地跟你說他發財了，你相信嗎？人的行為會影響情緒。過去我們認為，因為我們不開心，所以我們才會表現出不開心的動作，但是現在的心理學研究顯示，你做出不開心的動作，你就會不開心。所以請大家保持積極行為，平時多想想開心的事情，保持愉悅的情緒。如果對他人總是愁眉苦臉的，這樣長期下來，你會變成一個封閉的人。所以請把你的行為調整到接納的狀態，臉部的表情調整到開心的狀態，這是非常關鍵的。每天在鏡子面前訓練會有成效，就是這個意思。

第二節
班會 2：插上希望的翅膀

一、背景介紹

1 希望的概念

從 1950 年代開始，心理學界以及精神醫學領域的專家們便開始關注「希望」這個概念，並從不同的角度對希望進行定義。

早期的研究者認為，希望是代表個體對自己成功實現目標的信念。行為主義心理學家莫瑞爾（Mowrer）在 1960 年指出，希望是一種情感，發揮刺激強化物的作用。後期也有專家學者認為，希望是與目標緊密相連時產生的一種情緒體驗。部分學者還從認知的角度對希望進行了概念界定，他們認為希望是一種使個體維持自己朝某種目標進行活動的思想和信念。

艾瑞克森（Erikson）認為，希望是健康認知發展的一個因素，也是個體在實現強烈的願望時產生的一種持續的信念。同時，艾瑞克森把希望置於一種發展的情境中，他認為希望與生俱來，而且希望能導致個體的內部衝突。

布雷茲尼茲把希望定義為一種認知傾向，認為希望是一種心理活動的過程， 即個體必須真實地體驗希望的本質。他認為，希望就是人頭腦中的思想，或者說是對認知狀態的一種描述。他假設希望是一種持續的力量，是能夠持續產生的一種心理反應。

戈弗雷認為，希望是個體堅信愉快結果有可能發生的信念。雖然希望始於一種情感的震撼，但它也是權衡事件發生可能性的認知過程。除此之外，戈弗雷還區分了「最終希望」和「功能希望」。「最終希望」是朝向特定結果的，本質上是利社會的；「功能希望」是與目標追求相關的心向。

艾弗里爾、卡特琳等人認為，希望是一種與個體目標緊密連繫時產生的情緒體驗，當個體的目標可以達成、可以控制，對個體本身具有一定的重要意義並能為社會或道德所接受時，希望這種情緒體驗就會油然而生。

2 東西文化背景下對希望的解讀

(1) 東方傳統文化對希望的解讀

在儒家文化的思想體系中，希望的個體體現為積極進取、追求理想、安貧樂道、知足常樂。儒家思想認為，個體首先應該有明確的目標，其次要有堅定的理想信念，最後具有克服困難和挫折的信心，個體在逆境中有所作為、有所突破才會帶來希望。困苦中也蘊含著發展的機會，給人的生活帶來希望。儒家提倡積極進取、堅忍不拔的精神。孟子認為，面對困難和挫折，人應該勇於接受現實，只要有理想在，就不應該懼怕眼前的艱難困苦，應該樂觀生活，熱愛生命，對未來充滿希望。孟子曾說：「故天將降大任於斯人也，必先苦其心志，勞其筋骨，餓其體膚，空乏其身，行拂亂其所為，所以動心忍性，曾益其所不能。」

《周易》的希望思想主要體現在陰陽相互轉化和自強不息的精神，逆境在一定的情況下能夠激發個體的潛能。個體在困難的情境中堅持信仰、克服困難，從而將逆境轉化為順境。陰陽轉化的思想和希望的逆境順境理論不謀而合，即讓人在困苦中看到希望，相信逆境終會被戰勝。《周易．乾卦》曰：「天行健，君子以自強不息。」面對外界，要積極向上，努力進取，堅持不懈，不斷地進行自我追求。

(2)西方文化對希望的解讀

在希臘語和拉丁語中，希望代表著某種期待情緒，對未來的美好預期，意味著某種願望的實現。它是與未知的未來事實相連繫的，而不是與現實的既成事實相連繫。

恩斯特．布洛赫（Ernst Bloch）較早從哲學層面對希望進行研究和分析。在他的哲學著作《希望的原理》中，他提到希望是個體生存的基本態度。他的理論當中更多的是對理想生活的思考和關於自身生命價值的判斷。

馬克思（Marx）認為，人類只有透過勞動，在改造自然和社會的過程中不斷由必然王國發展到自由王國，才能發現希望的意義與價值。希望不是根植於某種盲目的來世信念，而是根植於現實的理論與實踐。

3 希望理論模型

1991 年，斯奈德（Snyder）和同事提出了一種聚焦於達成目標的認知動力理論模型，即希望理論模型。此模型認為希望包含三個主要成分，即目標、路徑思維和動力思維。

(1) 目標

目標是希望理論的核心概念。斯奈德劃分了四種希望目標，即接近性目標（朝向希望達到的結果）、避免消極結果的目標（阻止或推遲不想要的事件）、維持性目標（維持現狀）和提高性目標（提高一個已經存在的積極結果）。

目標有時間長短之分，也有具體與抽象之別。對設定目標的個人來說，目標具備一定的價值，個人為達到目標而付出的努力與其對結果價值的評估是分不開的。斯奈德認為，實現目標的概率與保有希望的程度關係不大。即使一件事情實現的可能性很小，人們仍可能對其抱有很高的希望。

判斷環境條件是否有利於希望的形成也是很有必要的。研究者發現，設定中等難度目標的個體屬於高希望的群體，因為中等目標可以藉由增加個體的動力來提升其希望程度，而當目標被認為很難或很容易達成的時候，人們通常不會盡很大努力來實現它。

(2)路徑思維

路徑思維是希望的認知成分。它是指一系列有效實現目標的方法、策略、計畫。一般情況下，高希望的人設定的路徑比低希望的人更加具體可行，而且高希望的人還善於設置備選路線。

大腦有一種自然的傾向去了解和預期某種可能的結果，路徑思維就是開發大腦中的預測能力系統。路徑思維幫助個體透過目標把現在與未來連繫起來。高希望的個體更善於創造具體的、思路清楚的實現目標的方法。

需要注意的是，希望不僅僅是指要具有較高的希望程度，還要有具體可操作的、有助於目標達成的方法與步驟。

(3)動力思維

動力思維是希望的動機成分，這有點類似於動機。個體一旦有了目標，有了方法，就要去行動。行動的發起以及在行動中遇到困難時需要的堅持不懈、勇往直前，這就需要依靠一個系統來運作，這個系統就是動力思維。

斯奈德等人認為，動力思維不只是一種聚焦在目標達成上的心理能量，同時也是一種具有目標導向的決心與感受。當我們面對一個具體目標時，擁有足夠的動力思維才能驅使我們朝著目標邁進，這也是面對目標時的動力思維的來源。

動力思維的來源十分重要。我們可透過回想過去的成功經驗來提升動力思維，或者在一個安全的環境中，發展以目標為導向的正向能量，進而增加我們完成目標的可能性。

動力是一種動機因素，是驅動個體行動的心理能量。路徑是人們為達到目標而尋求方法途徑的意念。目標、路徑、動力的結合組成了希望理論的基礎，要想獲得希望，三者缺一不可。

4 有關希望的研究

(1)西方學界關於希望的研究

近年來，「希望」得到廣泛的研究。這些研究既包括對希望理論的實證研究，也包括希望在治療生理疾病與心理疾病中的作用研究。

希望是個體預防和治療心理疾病的重要心理資源，希望具有緩解負面情緒的作用。它能夠帶給人面對困難的勇氣，讓人有力量去面對當前的處境，並相信自己能夠改變。

很多的臨床心理學工作者不斷地嘗試將希望理論與技巧

應用於各類實踐以進行輔導干預。斯奈德等人透過研究發現，保有較高希望程度的個體較少遭遇憂鬱和焦慮的威脅，他們面對和解決問題的能力更強。

2007 年，阿爾瑙等人以一個月為間隔，分三次調查了 522 個大學生的希望和焦慮、憂鬱程度。研究表明，早期的希望指數能預測後期的焦慮和憂鬱，而早期的焦慮和憂鬱不能預測後期的希望程度。

希望對人們的工作滿意度也有積極的影響。高希望的個體，他們的自我效能感較高，他們能在工作中充滿自信和創造力，具有良好的工作表現和成就。

另外，高希望的學生對取得的學業成績也更滿意，他們的人際關係也比低希望的學生更好。

希望與生活滿意度和心理幸福感相關。充滿希望、樂觀的個體，也會對自己的生活滿意。他們能夠自主地應對周圍環境，促進個體的良好成長，與他人建立積極的關係，更容易實現生活目標和自我接受。

(2)東方學界關於希望的研究

多數關於希望的研究集中在學生身上。

陳海賢、陳潔對貧困大學生的希望程度進行研究時發現，希望能夠激發問題解決、求助他人等積極的應對方式，進而提高幸福感。

透過希望干預等方式提高希望是減少貧困大學生憂鬱情緒的有效途徑。黃致達研究了大學生網路成癮與希望感之間的相互關係，透過案例分析與討論的方式，提升了大學生對於大學生涯的希望感，增強其在設定目標、路徑與動力三方面的能力。研究結果表明，在此研究干預方案介入後，大部分大學生的網路成癮程度呈現大幅下降趨勢。

同時，希望對精神病患者的應用研究表明，希望能夠提高患者的生活品質，維護病人的價值和尊嚴，還能夠使他們堅持治療，促進康復。

二、課程目標

每個學生之所以成長為今天的自己，和與他人的互動是分不開的。現代青少年的心理問題比較多，這背後的主要原因就是他們對未來沒有希望、沒有信心，或者他們在現實中感受不到自我的價值。本課程的目的就是讓學生了解到希望的重要性，對未來充滿希望，激發學生們的正向情緒。

三、課堂實錄

韓老師：六年二班的同學們好。

老師自我介紹。

學生們：老師好。

韓老師：我姓韓，你們可以叫我——

學生們：韓老師。

韓老師：孩子們，你們看到今天我們上課的方式跟以前不一樣（全班學生圍坐成一個大圓圈），不一樣在哪裡，大家都已經看到了，是吧？（學生們點頭）我們現在跟周圍的同學打個招呼，跟他握個手，說「謝謝你做我的同學」。我們從來沒有這樣表達過，今天我們來表達一下，好不好？

（學生們互動中……）

跟周圍的同學打招呼，對身邊的同學表示感謝。

韓老師：互動完之後，大家的心情是不是跟剛才已經不一樣了？現在的心情是怎樣的？

學生們：好奇、激動、興奮。

老師以飽滿的情緒、柔性的引導語把學生帶入情境之中。

韓老師：孩子們，你們的表達也讓我感到興奮，我覺得我現在要更加努力，把更好的課程帶給你們，和大家一起完成我們今天的任務，讓大家有更多的收穫。你們剛才的表達讓老師有這樣的感覺，你們積極的回應讓老師感覺我要做得更好。

楊老師：同學們，你們剛才也跟自己的同學問好了，那麼你們的心情是不是有不一樣？情緒是不是有不一樣？

學生們：更開心了。

韓老師：更開心了，我們的積極行為讓自己的情緒有所改變。我們現在一起來欣賞一首歌，看著大螢幕，聽著這首歌，我們跟著一起唱。

大家一起欣賞一首歌，讓學生感受自己情緒的變化。

（學生們唱歌中……）

楊老師：唱完歌之後，我們的情緒有什麼變化？

學生們：變得更輕鬆，很開心。

韓老師：當同學們有這種感覺的時候，是不是覺得渾身都很舒服，更願意採取積極的行為？那麼當我們有這些情緒的時候，我們做事情是不是會做得更好？是不是願意更加地投入？

學生們：是。

韓老師：同學們給我積極的回應，我覺得我要把這個事情做得更好，我更開心，我更希望表現更好的自己，希望成為更好的自己。孩子們，剛才當我們聽這首歌，看著螢幕上的畫面時，我們有哪些情緒？一個同學說一個。

學生 1：喜悅。

學生分享自己在聽到這首歌以及看到螢幕上的圖片時產生的情緒體驗。

學生 2：開心。

學生 3：高興。

學生 4：興奮。

學生 5：激動。

學生 6：自在。

學生 7：快樂。

學生 8：興趣。

學生 9：十分滿意。

學生 10：激勵。

韓老師：為什麼有激勵？因為剛才是一個什麼場景？

學生 10：歡快的場景。

韓老師：好，繼續。

學生 11：滿意。

學生 12：自在。

學生 13：愉悅。

學生14：自豪。

學生15：滿意。

學生16：逗趣。

韓老師：我聽到了逗趣，是因為看到了一個小孩子很舒服、很自在的場景？

學生16：是的，激動、開心、自在。

韓老師：好，我們還看到了什麼？

學生17：滿意、悠閒、喜悅、興奮。

韓老師：剛才你們說出了這麼多的情緒，這些情緒都是我們喜歡的，對我們的成長是有幫助的，是讓我們每天能過得開心的，那麼我們稱這些情緒為正向情緒。當然還有消極情緒，也就是我們不太喜歡的情緒，如慚愧、傷心、難過、恐懼，這些情緒我們把它們歸類為消極情緒。那麼這些情緒是不是我們就不需要，該把它們丟掉呢？想一下，如果一個人走到懸崖邊了，不知道害怕，那就完蛋了。如果他遇到不好的事情，他還是哈哈大笑，我們會覺得這個人不太正常，對吧？

由一首歌開場，讓學生一邊聽歌一邊看大螢幕上的圖片，學生感受自身情緒的變化，進入今天的主題。

楊老師：剛才還有同學看到了「希望」。螢幕上呈現的是一個春天的場景，讓我們感覺到心裡面充滿了希望，一個人心裡充滿希望，他會是一個什麼狀態？

學生 19：喜悅、開心。

韓老師：有希望在心中，他會很開心地朝著自己的希望前進，會很開心地做自己手中的事情，同意嗎？

學生 19：同意。

韓老師：心中有希望，人也會活潑。

學生 19：他會朝著自己的夢想前進。

韓老師：朝著自己的夢想前進。看來希望會讓我們渾身充滿力量。剛才我們班同學分享了一個有希望的人會讓自己有什麼樣的情緒。我們今天這堂課的主題就是來培養我們的正向情緒，撒下希望的種子。現在同學們站起來，我們請這位同學從這邊開始報數，1、2 報數。1、2，開始。

（學生們報數中……）　簡單地報數分組。

韓老師：好，請報 1 的同學向前一步，圍成一個圈，報 2 的同學走到報 1 的同學後面。每個同學是不是找到了自己對面的「1」？現在請同學們討論老師給你們的問題。第一個，你們是怎麼理解希望這個詞的？兩個人討論「希望」這個詞，老師等下要提問，然後你們其中一人說答案。希望是什麼？

（學生們兩兩討論中……）

韓老師：結束，現在我來隨機提問。

學生 1：我覺得希望就是心中有陽光。

韓老師：希望就是心中有陽光，很好，你呢？

學生 2：我覺得希望就是一直期待著明天的到來。

注意事項：

在學生自由發言的時候，老師需要深入各小組傾聽學生的發言情況，引導學生進行思考。老師要注意觀察小組動力的強弱。

韓老師：對明天有期待。

現在外圈同學順時針向右走一步，轉到右邊的同學面前，內圈同學待在原位。大家討論第二個問題，你的媽媽對你有過什麼樣的希望？也許以前我們從來沒談過這個話題，現在我們就來想一下。

（學生們討論中……）

現在外圈的人再向右移一個位置，內圈的人不動。第三個問題，你的老師對你有什麼樣的希望？

（學生們討論中……）　　學生每兩個人一組，談論希望的話題。

楊老師：現在外圈同學向右挪兩個人的位置。現在的話題是你希望別人對你有希望嗎？兩個兩個討論一下。

學生 3：希望。

韓老師：為什麼？

學生 3：因為希望可以帶來壓力，可以使我前進。

韓老師：別人對你有希望，你就會認為自己可以變得更好，像他希望的那樣去發展，讓自己變得更好。好的，孩子們，我們給這位同學鼓掌。尤其是你親近的人、你所信任的人給你的希望，他們都是希望你更好，朝更好的方向發展。

學生 4：我希望。

韓老師：你希望別人對你有希望，為什麼？

學生 4：因為別人給予我希望會使我前進。

韓老師：別人對你的希望使你前進。我們的老師、父母都是希望我們更好，但我們也要根據自己的情況，如果這個希望超出了我們現在的能力範圍，或者說我們覺得自己是做不到的，那怎麼辦？

學生 4：我們就努力去面對，做到更好。

韓老師：努力去面對，做到什麼程度？如果沒有希望完成，就是你目前的能力還達不到，要怎麼辦？

學生 4：儘量去完成。

韓老師：儘量去完成就可以了，不要成為負擔，孩子們同意嗎？

學生們：同意。

韓老師：我們給這位機智的同學鼓鼓掌。別人給我們希望會讓我們變得更好，我們盡力朝別人希望的方向去發展。但是如果這個希望我努力了也達不到，或者說這不是我自己的希望，我就可以把它放在一邊，孩子們同意嗎？

學生們：同意。

韓老師：別人的希望會讓我們變得更好。我曾經有一個國中同學，她是一個女孩，膽小害羞，在公司裡面不敢講話，但是她在內心裡想讓自己變得更好，想讓自己的價值更高，她就跟我聊。我說你一定可以的，你一定會做得更好。她現在已經成為公司的高層了。她說要不是你對我的鼓勵，對我有這麼大的信心，我不可能做得這麼好。這就是希望，朋友的希望，一個人對另一個人的希望，給她所帶來的動力。

楊老師：孩子們再向右轉一個位置，請大家討論下一個話題，一個有希望的人和一個心中沒有希望的人有區別嗎？有什麼區別？現在討論一下，稍後提問。

（學生們討論中……）

楊老師：哪一組同學特別想分享？舉手機會就來啦！

學生 5：我覺得有區別。

韓老師：區別在哪裡？

學生 5：有希望的人可能獲得的成就比較多一些。

韓老師：有希望的人會獲得更多成就，非常好。

學生 6：沒有希望的人就會悲觀、消沉。

韓老師：消沉，他沒有目標，心中沒有希望，好像身上沒有力量。還有哪組同學？

學生 7：我覺得有區別，因為有希望的人會為了自己的夢想而努力去奮鬥，而沒有希望的人就會覺得十分悲觀消沉，不想做任何事情。

韓老師：非常好，孩子們鼓掌。還有哪位同學特別想分享？這位同學分享的有希望和沒有希望的區別，可以代表我們班所有的同學嗎？

學生每兩個人一組，互相說出自己對於對方的希望。

學生們：可以。

韓老師：好的，現在給你對面的同學說出你對他的希望，我們真誠地根據他的情況，說出你對他的希望。收到了嗎？

學生們：收到了。

韓老師：好的，來分享一下。

學生 8：我對他的希望是，在這一年裡他的成績變更好。

韓老師：成績變好，你收到的希望是什麼？

學生 9：瘦一點。

韓老師：你有什麼感覺？

學生 9：有動力。

韓老師：孩子們聽到了嗎？有動力，這是來自我們同學的希望，給我們動力，非常棒。你給出什麼希望？

學生 10：我對他的希望是，他上課能夠認真聽講，不要分心，打擾其他同學上課。

在學生分享感受的時候，要提醒學生注意：別人對自己的希望，對自己有什麼影響，學會接納同學，從同學身上汲取力量。

韓老師：談談收到希望後，你有什麼感覺？

學生 11：努力改變。

韓老師：要努力改變，這位同學給你希望，你會記多久？我很好奇，我們要真誠地表達。我可以這麼說，可能是一輩子，你都會記得這個同學今天對你說的話，上國中、上高中，我想你都會記得，因為你會記得今天的這個活動，這位同學你同意嗎？

學生 11：同意。

韓老師：那麼你收到他的什麼希望？

學生 12：他希望我對其他同學溫柔一點。

韓老師：好的，來，把握機會，你收到了什麼希望？

學生 13：不要更胖。

韓老師：不要更胖，好的，同學們都收到了其他同學的希望，我們把它放在心裡，成為我們的動力。現在大家看大螢幕，我聽說你們都非常聰明，而且非常有詩意。現在根據你們的理解和想像來形容一下希望，希望是什麼？

（螢幕顯示內容：根據你們的理解和想像來形容一下希望。

1. 希望是……

2. 希望就像……

3. 如果沒有希望……）

韓老師：大家現在面對面圍成一個大圈，四個人一組，就是附近的四個人，之前相鄰的兩組變為一組。請四個人中每人用一句話來形容希望是什麼，懂了嗎？

學生們：懂了。

（學生們交流中……）

韓老師：我們現在來分享和欣賞每一組是怎麼形容希望的，哪一組先來？請舉手。

學生 1：希望是讓人前進的動力。

韓老師：希望是讓人前進的動力，所有同學注意聽了，我們現在開始分享，這組同學開始了，他說希望是讓人前進的動力。

學生 2：希望就像初升的太陽。

韓老師：初升的太陽，大家注意聽，人家說過的，你就最好不要再說，你趕快想別的。

（有學生在討論……）

學生 3：希望像風箏一樣能讓我們取得更好的成績。

每四人一組，用一句話來形容希望是什麼，分享自己對於希望的理解與感受。

韓老師：這位女同學形容得我覺得很有意思，希望就像風箏一樣，讓我們一步步地升高。同學們，現在我們頭腦裡是不是出現一個畫面？希望好像風箏一樣，它飄在上面，讓我們一直知道自己的方向，可以這樣解讀嗎？

（學生 4 發言，略）

楊老師：這一組非常棒，給你們的同學鼓掌，這一組把手舉起來，舉高一點，讓同學們看到是我們的這四位同學說出了這麼精彩的比喻，他們對希望的理解是這麼的深刻。把手放下來，下面還有哪一組？

學生 5：希望是盲人心中的一束光。

韓老師：盲人心中的一束光，太有哲理了，孩子們，快鼓掌，他想得真深刻。

學生 6：如果沒有了希望，就像雄鷹沒有羽翼。

韓老師：沒有希望就像雄鷹沒有羽翼，你的意思是說我們就像雄鷹，希望就像翅膀。沒有翅膀，雄鷹也就不能飛上藍天。鼓掌，孩子們，當你們聽到精彩的分享時就鼓掌，老師允許你們鼓掌。

學生 7：我覺得希望就像井底之蛙這個故事中的烏鴉，引領我們去探索更大的世界。

韓老師：非常棒。

學生 8：我覺得如果沒有了希望，人與人之間的交流就會變得暗淡許多。

韓老師：沒有希望，人生就沒有光彩了，自己也活得沒有力氣了。好的，還有哪一組？

老師鼓勵學生用鼓掌表達自己的心情。

（有學生舉手……）

學生 9：我覺得希望就像是波濤洶湧的大海中的一條船。

韓老師：希望就像汪洋中的一條船，怎麼說的，?

學生 9：因為波濤洶湧的大海你是過不去的，但是如果給你一條船，你就有了希望，可以渡海。

韓老師：怎麼樣？

（學生們鼓掌……）

學生 10：希望就像一個人被關了許多天，有一個人送了一塊麵包給他。

韓老師：希望就像餓了很多天的人得到了一塊麵包，是一個人生存下去的力量。

學生 11：希望就是階梯，可以通向成功。

韓老師：希望就是通向成功的階梯，很好。

學生 12：如果沒有了希望，就像魚沒有了水。

韓老師：就像魚沒有了水，孩子們說得很好，那麼我們看一下大螢幕。這是一個非常成功的人說的話，「希望的燈一旦熄滅，生活剎那間就變成了一片黑暗。」人是生活在希望之中的。我真心地覺得，同學們剛才的表達不會比這句名言遜色，給自己鼓掌。

（學生們鼓掌……）

★主題活動 —— 十年後的我。

每個學生都很認真。構想自己十年後的生活，用筆將它寫出來。

作用：想像自己十年後的生活，這是每個人對自己未來生活的希望與目標，是我們需求的具體化，是產生行動的驅動力。有目標才會有希望，才會有前進的動力。

楊老師：孩子們，現在坐回你們原來的位置，你們四個人幫老師發筆跟紙。好，現在我們想想看，我們對十年後的自己有什麼希望？我希望十年後的我有什麼能力？長成什麼樣子？在什麼地方工作？跟哪些人在一起？

（四個學生正在發紙筆……）

韓老師：好，拿到紙、筆，想好了就開始寫，十年後你們多大？ 22 歲或者 23 歲，那個時候是什麼狀態？大學就要畢業了，或者已經畢業了。想好了就開始寫。我們可以在椅子上寫，我看好多同學已經開始迫不及待地動筆了，今天在我們的身體裡面種下一粒粒希望的種子，從今以後它會慢慢地發芽。

韓老師:我們每個人都對自己充滿了希望，大家趕快寫，寫好了我們馬上要分享。我們要告訴在場的所有同學，我們對十年後的自己有什麼希望。我們每個人都有無限發展的可能。我希望十年後的我長成什麼樣子？做什麼工作？有什麼樣的能力？能為國家、為我們的家庭、為父母、為這個社會做什麼事情？好，還有兩分鐘。

韓老師：也許我們以前沒想過，我們今天認認真真地考慮一下，聽從自己的心聲。我們有無限發展的可能，把我們的希望說出來，告訴大家。現在已經有同學寫好了，沒有寫好的同學可以繼續寫。我給三位同學分享的機會。

韓老師：哪三位同學把握機會，在我們這麼多人的面前大聲讀出你的希望？讓我們都聽到你的希望，你會有更大的力量去實現你的希望，你會對自己更充滿希望。哪位同學要當第一個？

這位女同學，非常好。老師會在你讀的過程中播放音樂。所有同學為她鼓掌。

學生 1：我希望十年後的我能夠成為一名優秀的足球運動員，更希望有朝一日能踏上國家代表隊的賽場，這是我的希望，也是我的夢想。既然我寫下了這個希望，就相當於在我的心中種下了一粒種子，我會用更多的汗水和心血將它灌溉成一棵無私奉獻的大樹。有了這份希望，我會用力翻越這座大山，哪怕沒有成功，我也很享受這個過程。

每個學生分享自己對於十年後的自己的期望與目標。內心充滿希望。

韓老師：孩子們聽到了嗎？聽到這位同學的希望了嗎？給她用力鼓掌。謝謝你，孩子，我們都聽到了你的希望，我們都會記住你的，我們希望你的這份希望早日成為現實。

好的，第二位同學，大家一起給她鼓掌，用力鼓掌。

學生 2：我希望十年後的我能到大城市去工作，當一名知識淵博、救死扶傷的醫生，因為這樣我不僅可以幫助更多的人活下去，讓他們也能有時間為自己的目標努力，我還能在家人生病的時候盡力去醫治他們。我希望十年後的自己依然擁有一個幸福的大家庭，我也希望自己能孝順長輩，開心快樂地生活。

韓老師：孩子們，非常棒。這位有愛心的同學，她想成為一名救死扶傷的醫生，幫助病人解除痛苦。還有一位同學，大家給他鼓掌，用力鼓掌。

學生 3：我希望十年後的我能考上藝術大學，畢業後當個喜劇演員，希望能獲得觀眾的喜愛，也希望大家沒有太多的負擔，輕鬆活到生命結束。

韓老師：希望大家活得輕鬆，非常棒，那邊的男同學已經開始豎起大拇指，給這位同學點讚，所有同學伸出你們的大拇指來指向這位同學 —— 你真棒，跟我一起來 —— 你真棒。

有位同學，他給自己畫了一張畫，請分享一下，看他怎麼解讀十年後的他。我們給你鼓掌，你很特別，拍手不要停。

學生 4：十年後我希望自己可以成為一名歌手。

有個學生畫了一幅畫來表達十年後的自己。

韓老師：老師幫你展示一下好不好？

學生 4：我希望為更多人唱歌，然後創作。

韓老師：你希望成為一名歌手，能夠給我們帶來更好的音樂，是這個意思嗎？你想畫的就是你在唱歌，是吧？

學生 4：在練習。

韓老師：在練習成為一名很好的歌手，給我們這個社會帶來更多美好的東西。謝謝他，給他鼓掌。

現在同學們兩兩組合，給對方讀出你的希望，開始。兩兩組合，三個也可以，一起讀，一起讀出來。

（學生們分享中……）

韓老師：現在心裡感覺怎麼樣？

學生 1：很激動。

韓老師：你呢？

學生 2：感覺我的願望會對我以後的人生有所幫助。

韓老師：今天我許下的願望會對我以後有很大的幫助。

學生 3：我認為我今天許下的願望會對我以後的人生軌跡有所幫助。

韓老師：會對自己的人生軌跡有所幫助，今天你們許下了願望，你們的人生軌跡也許會發生變化，非常棒。

學生 4：我今天許下的願望會讓我成為一個積極向上的人。

韓老師：會讓你成為一個積極向上的人。

學生 5：我跟他的想法一樣。

韓老師：跟他的想法一樣。

學生 6：我認為今天我許下的願望也可以讓我成為一個有很多優點的人。

韓老師：會成為一個有很多優點的人。

學生 7：我覺得我今天許下了願望，我以後會繼續朝我的願望前進。

韓老師：朝願望前進。

學生 8：我今天許下的這個願望，我認為我能成為一個正直勇敢、樂於助人的人。

韓老師：會成為正直勇敢、樂於助人的人。

學生 9：我為我許下的願望去努力。

韓老師：為自己的願望去努力。孩子們為自己鼓掌，非常棒。

學生 10：今天我在這裡許下願望，我希望自己以後朝著願望前進。

韓老師：朝著願望前進，這句話可以代表我們班級所有同學的心聲嗎？

學生們：可以。

韓老師：真的非常棒，孩子們，把你們的雙手伸出來，給我們班級所有的同學鼓掌，你們真的非常棒。今天我們在自己的心田種下了希望，那麼就會朝向我們所希望的那樣去成長。希望同學們懷抱著我們今天的希望茁壯成長，老師相信你們一定會成為你們所期望的那個人。

課程最後，老師進行總結，並表達對學生美好的期望。

楊老師：起立，今天聽到你們的心聲、你們的希望，老師非常高興，也非常感謝你們和老師一起來上這堂課，謝謝大家。

學生們：謝謝老師。

四、課後點評

1 優點

在這堂課上，韓老師有兩個優勢，第一個是讓學生表達，第二個是表達了自己的真實感受。學生是在課堂中學習的主體，要讓學生充分發揮自己的積極性與主動性，給學生機會，讓他們暢所欲言，充分表達自己。同時，老師也要充分表達自己的想法與感受。

在課程當中，老師詢問學生的感受。有學生說好奇，這是在讓學生表達。這就是積極的教學行為。之前一直都是老師在表達，「對吧」「是吧」「不可能」「不對吧」等，在今天的課程中，老師讓學生充分表達，給學生去說的機會。

老師說「你們這樣的表達讓我很興奮」，這是一種開放式的真誠表達。開放式的表達就是一種自我揭露。這樣的表達是老師內心真實的感受、體會與情緒。在課堂上，老師要勇於開放自我，真誠地表達自己，把自己帶入其中。

2 不足

(1)主題方向錯誤

對於韓老師的課堂，我想表達一個態度：這堂課是失敗的。因為沒有掌握好這堂課的方向，是講希望而不是講正向情緒，這堂課都是在圍繞希望這個內容而展開，她偏離了正向情緒這個主題。她沒有正確理解正向情緒與希望的概念。

正向情緒是個體因體內外的刺激、事件的滿足而產生的伴有愉悅感受的情緒。希望是心理資本的四個元素之一。心理資本是指個體在成長和發展過程中表現出來的一種積極的心理狀態，包括自我效能感、自信、樂觀和希望。希望是個體對目標的鍥而不捨的追求，是為取得成功在必要時能調整目標的途徑。

(2)上課方向和性質出現偏差

在老師帶領學生的過程中，老師一直往職業規劃的方向走，讓孩子轉向未來，在方向和性質上出現偏差。在課堂的開始，老師就有了這樣的引導。整個教學過程有點生硬，因為老師經常啟發，所以顯得有些生硬。在情緒培養課堂上，不要試圖啟發學生，因為它不是認知課，這樣的課是不需要啟發的，而是需要帶領的。

3 建議

(1) 選擇合適的時機讓學生表達感受與體會

在學生表達感受與體會後，老師進行自我開放式的表達，自我揭露，但是後面不要再試圖讓學生進行表達了。如果老師在表達完之後，還問學生有什麼感受，這就是讓學生硬湊出一些東西。這樣的課堂會讓學生學會用面具來配合老師，這樣的表達不是真誠的，老師與學生之間的關係也不是真誠的。

老師帶著學生體驗多少，老師就讓學生表達多少感受，或者是老師看到學生體驗到多少，就讓他們表達多少。如果學生沒有體驗到，老師非要讓學生說，這在一定程度上就有點強迫意味了。這是老師以自己的權威要求學生去表達。

在其他的學科課程中，老師是權威者，學生已經形成了這樣的意識與想法。但在心理課堂上就要打破這樣的想法。我們希望學生是發自內心地喊「老師好」。在心理健康方面，分享與體驗是並行的，不能晚也不能早；早了，學生沒有體驗到，晚了，學生分享的願望就沒那麼強烈了。

(2)選擇合適的方式進行啟發

在課堂的開始，韓老師詢問學生聽完歌有什麼心理感受，自己的情緒有什麼樣的變化。這裡老師小看學生了，現在是資訊大爆炸的時代，如果學生只是聽一首歌，很難有什麼樣的感受。即便學生說出來感受，那也是老師要求的。老師說聽了這首歌我們是不是更開心、更投入、更舒服，這三個「更」字表達的是老師的感受，而不是學生的，學生在聽到一首歌之後可能沒有那麼多感受。老師要注意自己的表達模式與溝通方式。

(3)提倡使用體驗式的分享互動

在課堂上，老師訪問學生看完圖片之後的感受時說是不是更開心、更舒服等，這在一定程度上就是在灌輸，告訴學生你會有這樣的感受。體驗式的分享是學生體驗到了就分享，沒有就不分享。哪位學生願意分享就分享，不願意也沒關係。身為一名老師，不能害怕自己的課堂冷，只有不怕課堂冷，才能真正地將課堂帶領到熱。本堂課的主題是情緒，不需要藉由其他形式來證明情緒的重要性，直接去講情緒更恰當。

在進行內外圈的活動時，要注意把規則講清楚，轉動的方向確定好。帶領者一邊進行內外圈活動一邊討論，建議給小學生的課程討論要減少，而且不要重複一種形式，不要長時間地持續一種姿勢，不要發出期待性的詢問。

(4) 提前備課，了解主題內容

本堂課的主題是關於正向情緒培養的。當我在聽這堂課的時候，我一開始在想，是不是要用希望間接地提升正向情緒。整堂課主要是在圍繞希望進行談論的。現在我發現，韓老師就是將希望理解為了正向情緒。這種理解是錯誤的，或是概念掌握得不夠扎實。老師在備課的時候要把這些概念弄清楚。

這堂課的課堂設計是借助時間線的概念，運用希望來達成正向情緒的培養，整個過程拐了太多彎，實際上這是不必要的，這是由於老師在備課過程中對內容沒有理解透徹造成的。培養學生的正向情緒就是圍繞滿意、愉悅、開心和自豪等正向情緒去做一些事情，以此為切入點，或者是讓學生分享自己覺得滿意的故事等。

4 其他思考

(1) 體驗式團體的會心狀態

在體驗式團體模式中，我們要創設一種會心狀態。會心是一種溫暖、安全、尊重的流動的狀態。在會心狀態下，成員可以做到對自己真誠，能夠關注自己當下的感受；同時對別人真誠，能夠考慮到別人的感受，理解和接受別人的不同。會心狀態是一種發展的方向，是經過加強之後的最佳的學習環境，是由個體心理空間形成的溫暖的心理世界。心理方面的會心狀態可以促進學生的學習狀態。

(2)老師要對「場域」進行控制

體驗式班會在團體中展開，「場域」是一個過程，在不斷的發展和變化中，發展的方向要與目標相呼應。創造「場域」和合理地利用「場域」都是一種技巧。「場域」不僅可以配合教學，還可以進行人格的培養。在「場域」中，每個人都有一個心理空間。老師只是心理世界中的一個心理空間，「場域」中每個人的心理空間共同組成整個「場域」的心理世界，這樣的心理世界又受到物理世界的影響。心理空間和心理世界、物理世界，三者相互影響、相互作用，就會形成團體能量。物理空間作用於心理空間，會使心理空間發生變化，這樣的變化會改變心理世界。老師可使用聚焦技巧，把場域能量聚焦在某個學生身上，以這一點帶動「場域」的面的發展，這叫作以點帶面。

在整個「場域」中，老師要儘量關注所有學生，儘量讓每個學生都有機會成為帶動面的點，讓能量均衡發展，讓每個心理空間都和其他心理空間有緊密的連接，使「場域」均衡。在團體中學習，老師只是偶爾在前面引領，多數情況下都是成員在團體中相互學習，達到效果最大化。這裡需要強調的是，老師對「場域」的掌控能力是需要學習的。

(3)體驗式的課堂要充分體驗

體驗式團體教育模式的操作是透過團體能量的理念、方法、手段，同時帶動學生的多個感官，多方面、多角度地參與到課堂中。此時學習者能充分發揮主觀能動性，真正成為學習過程的主體。

在體驗式課堂中，學生一般被放在真實的或模擬的情境中，要求學生作為主體親自體驗，如親自體驗磁力線、親身朗誦詩歌、散文等，並且可以與同學、老師分享見解，這些體驗過程無一不是快樂的。因此，體驗式學習能把學習與娛樂融合在一起，在整個過程中，體驗、講解、分享交互發生，達到師生、生生和諧互動的目的。

第三節
班會 3：興趣帶領我們認識世界

一、背景介紹

1 興趣的定義

不同的學者對興趣提出了不同的概念。

興趣是積極探索某種事物或者進行某種活動的傾向，這種傾向是在社會實踐中發生與發展的。

興趣是力求探索、探究某種事物的心理傾向，由獲得這方面的知識在情緒體驗上得到滿足而產生，興趣與需求連結。

興趣是一個人力求探索某些事物或從事某種活動的意識傾向。它與認知有關，但是當人們的某種興趣達到穩定程度時，它就會成為人的個性傾向。興趣在人受教育、工作和生活中發揮著動力的作用。

興趣是「具有情感色彩的心理狀態」。這種心理傾向總是和愉快的情感體驗相連繫，使人產生強大的內部驅動力。在興趣的激發下，人們廢寢忘食地學習，並從中獲得很大的滿足。愉快的情緒體驗是興趣產生的前提。

分化情緒理論把興趣納入情緒的範疇，並將其視為基本情緒之一。究其原因，主要有兩方面的解釋。其一，興趣有基本情緒的特質：適應性和動機性。支配有機體的注意力與選擇，調節有機體進行有益於自身的活動。其二，興趣具備情緒具有的基本成分：獨特的外顯表情、內在體驗和神經生理學的基礎。

綜上所述，興趣是個體以特定的事物、活動，帶有傾向性或者選擇性的態度和情緒。興趣驅動個體將注意力移到願意接近的對象上，驅動個體進行探索與鑽研，提供個體新機會，從而使個體進行有建設性的、有新意的、創造性的活動來實現成就與成功。

2 興趣的分類

人類的興趣多種而多樣，概括後主要分為以下幾類。

第一類是物質興趣與精神興趣。物質興趣是指人們對於良好的物質生活的追求與興趣，如衣、食、住、行等；精神興趣是指人們對於精神生活的追求與興趣，如學習、研究等。

第二類是直接興趣與間接興趣。直接興趣是指個體內部對活動本身產生的興趣；間接興趣是指個體對活動過程產生的結果的興趣。直接興趣與間接興趣是相互連繫、相互促進的。直接興趣是人們內部的一種驅動力。比如，一個人對種花產生濃厚的興趣，當他所種的花開得很豔麗時，他的興趣就得到了滿足。間接興趣則是外部的一種力量，推動著個體對事物感興趣。拿種花這個例子來說，這個人喜歡種花，興趣得到滿足後，他可能還會產生對與此相關的插花、盆景藝術的新興趣。

第三類是個人興趣與社會興趣。個人興趣是指個人以特定的事物、人或活動為對象所形成的積極的、帶有傾向性的情緒和態度，如喜歡唱歌、跳舞等；社會興趣是所有人具有的一種先天需求，一種與他人友好相處、共同建設美好社會的需求，如樂於助人、待人友善、甘於奉獻等。

第四類是個體興趣與情境興趣。這是克拉普等人根據興趣的結構特徵進行劃分的。個體興趣是指個體保持對某事物的關注與投入相對持久的傾向，它與積極的情緒反應、價值感與知識儲存有關；情境興趣是指人們在外部環境刺激下，對某事物產生的注意力和情感反應，這種情感反應有可能持續一段時間，也有可能極短，且這種情緒既可能是積極的，也可能是消極的。比如，對蛇感興趣的人不一定就喜歡蛇。

3 興趣的特性

興趣的特性一般概括為四個方面：第一，興趣的傾向性；第二，興趣的廣度;第三，興趣的穩定性;第四，興趣的效能。

興趣的傾向性主要是指興趣的內容指向哪個方面，即個體對什麼內容感興趣。興趣的傾向性是形成興趣特性的前提。一個人的興趣可以指向物質方面，也可以指向精神方面。興趣的傾向性具有差異性，不同的個體會有不同的興趣愛好。比如，有的人喜歡看書，有的人喜歡運動，有的人喜歡冒險，等等。

興趣的廣度是指興趣的範圍大小。有的人興趣廣泛，有的人興趣狹窄。興趣廣泛的人會顯得更有活力、生機勃勃，而興趣狹窄的人會顯得沒有生機、死氣沉沉。這主要的原因在於，個體自身所受到的教育、所進行的社會實踐範圍不同。社會實踐經驗豐富的人會對更多的活動感興趣，興趣也更加廣泛。

興趣的穩定性是指興趣長期集中於某些事物上，並在此獲得新的認知與發展，使興趣獲得深度開拓。人們對某一方面具有了興趣，就願意長時間去了解。具備了穩定性，人們的興趣就會更深入。

興趣的效能是指興趣對活動發生之作用程度。只有將興趣付諸行動，產生實際效果，才是有意義的。人的興趣是推動個體去積極地探索或者處理某種事物的內在動力。興趣效能是興趣廣度、興趣中心、興趣穩定性與持久性等特性的集中體現。

興趣在人們的生活中發揮著重要作用。興趣的四種特性讓人們在不同的事物活動中具有不同的選擇。好奇心是興趣的前提，一個擁有興趣的個體更能激發出想像力與創造力，這有利於潛能的發揮。

4 興趣發展——的四階段模型

希迪（Hidi）等人提出了興趣發展的四階段模型。他們認為興趣的發展經歷了四個階段，即觸發的情境興趣、維持的情境興趣、初始的個人興趣、成熟的個人興趣。

表 1　興趣發展的四階段

發展階段	含義及特點
觸發的情境興趣	在情感與認知方面有短暫變化的心理狀態，它通常是由外部條件引發的，也可以由先前經驗引發而投入相關的內容中。
維持的情境興趣	當興趣被觸發後，注意力和持續關注的時間得到延長，並且相關的內容或活動體驗會再次發生，如學校裡合作的任務等都可以幫助維持情境興趣。
初始的個人興趣	當發展到形成個人興趣的階段時，人們會有反覆參與相關活動的情況，並伴有一定程度的知識儲備，能體驗到價值觀的呼應和積極的情緒。在這個階段中，學生還會根據自己感興趣的內容提出「好奇」的問題，開始學會獨立思考，尋找問題的答案。

發展階段	含義及特點
成熟的個人興趣	成熟的個人興趣會使一個人在自己感興趣的領域有更多的知識儲備，保持長期的具有建設性和創造性的努力，並自願獨立投身於更多的探索活動中，即使面對挫折與失敗也能積極應對。

5 興趣的理論

影響最廣泛的興趣理論當屬霍蘭德的職業興趣理論了。

約翰．霍蘭德（John Holland）是美國著名的職業指導專家、心理學家，同時也是美國約翰霍普金斯大學的教授。1959 年，他提出職業興趣理論。該理論是霍蘭德根據其長期的研究實踐並結合現有職業分類提出的。

職業興趣理論認為，每個人的人格與興趣決定了他的職業傾向。從事感興趣的職業，可以使人們在工作中感到愉快，進而提升工作的滿意度和工作的穩定性。霍蘭德認為，人們的職業興趣可分為實做型、研究型、藝術型、社會型、企業型和事務型六種類型。

職業興趣與人格之間存在很大的相關性。不同類型的人格，擁有的職業興趣也是不一樣的。為此，霍蘭德提出六種職業興趣類型的個體人格特點。

實做型個體的人格特點是願意從事有可操作性的工作，做事手腳靈活，工作能力強，動作協調。這類人偏向於做具體事務，不善言辭，做事保守，比較謙虛，通常喜歡獨立做事。適合這類人的職業類型主要是各類工程工作、農業工作等。這類工作通常需要個體具備一定的體力，具備機械方面的才能，或者是與物件、機器、工具等相關職業，如技術性職業（攝影師、機械裝配工）、技能型職業（廚師、修理工、技工）等。

研究型個體的人格特點是抽象思維能力強，善於思考，求知欲強，不願動手，他們是思想家而非動手者。這類人喜歡獨立的、富有創造性的工作。他們知識淵博，不善於領導他人，以比較理性的角度考慮問題，喜歡邏輯分析和推理，喜歡不斷地探索新的世界和未知的領域。他們喜歡智力的、抽象的、獨立的任務，具備分析才能。適合這類人的職業類型主要是科學研究及相關工作，如科學研究人員、老師、工程師、電腦程式設計人員和醫生。

藝術型個體的人格特點是有創造性，具有特殊才能和個性，樂於創造新穎的、與眾不同的藝術成果。他們渴望展示自己的個性，實現自己的價值。他們做事理想化，追求完美，不重實際。適合這類人的職業類型主要是各類藝術創造工作，如藝術方面的演員、導演、建築師；音樂方面的歌唱家、作曲家；文學方面的詩人、小說家和劇作家。

社會型個體的人格特點是喜歡與人交往，不斷地結交新朋友。他們善於言談，願意與他人分享，關心社會問題，渴望發揮自己的社會作用。他們喜歡與人打交道的工作，能夠交更多的朋友。適合這類人的職業類型主要是各類為他人服務的工作，如教育工作者、社會工作者等。

企業型個體的人格特點是具有領導才能，追求權力、權威與物質財富。他們勇於冒險，有野心和抱負，精力充沛，自信，做事情有較強的目的性。適合這類人的職業類型主要是那些影響他人、與他人共同合作完成團體目標的工作，如企業家、政府官員、商人、法官、律師和企業的領導者等。

事務型個體的人格特點是喜歡按照計畫辦事，比較細心，有條理。他們不喜歡冒險與競爭，做事比較謹慎與保守，缺乏創造力，習慣接受他人的指揮與領導，不主動謀求領導職務。適合這類人的職業類型主要是與檔案、圖書資料、統計圖表等相關的各類科室工作，如圖書管理員、行政助理、出納員、會計、打字員、辦公室文員等。

根據霍蘭德的職業興趣理論，人們的職業興趣會影響人們對職業的滿意程度。當一個人從事的職業與他的職業興趣相匹配的時候，這個人的潛能更能得到發揮，工作業績也會更加突出。

根據職業興趣測試，人們可以清晰地了解自己的職業興趣類型，再根據自己的職業興趣有傾向性地去選擇未來職業，避免職業選擇中的盲目行為。霍蘭德的職業興趣理論對於人們進行職業選擇有很好的借鑒意義，它有利於人們做好職業選擇，發展自己的職業能力。

6 對興趣的研究

赫爾巴特（Herbart）是最早對興趣進行研究的學者，他確立興趣的含義，並且對興趣的成分進行了區分。他認為培養興趣愛好是發展教育的一個主要目標，而且興趣使人們對事物有正確、全面的了解，使學習有意義，興趣還能轉化為學習動機。

到了 20 世紀，西方教育學家杜威（Dewey）提到，充滿興趣的學習產生的結果和只是努力的學習產生的結果有本質上的區別。因此教學既要考慮到學生的知識量、教材內容，也要重視學生的內在驅動力。

到了 1980 年代，國外學者對於興趣的研究慢慢地開始重視，並且對於興趣理論的研究有了重大的突破性進展，在興趣的內涵上呈現出多種研究趨勢。西方學界對於興趣研究的重視使得東方的研究者也開始關注興趣的研究，對興趣的研究也日漸深入，並提出了一些新的理念與設想。

(1)對興趣的產生機制的研究

興趣的產生機制一直是研究者的研究重點。已有的研究結論可總結為三種理論假說，即需要假說、認知假設和資訊假說。

需要假說認為，只有在需要的基礎上才能產生興趣，愛好的活動能滿足人們的需求。認知假說認為，只有在智力與思維活動中才能產生興趣，興趣的產生與個體的需求和情緒沒有直接的關係。資訊假說認為，在智力、思維活動中獲得資訊才對興趣產生重要的作用，但是它也不否定興趣與需求和情緒的連繫。

(2) 對興趣的作用的研究

①興趣的認知作用

興趣的認知作用主要體現在三方面：第一，興趣維持人的注意力與知覺操作；第二，興趣可以排斥無關刺激的干擾和破壞，維持注意力的穩定性；第三，興趣驅使注意力有特定的指向性，使許多不相關的刺激被排除。

②提升學生學習的成效

興趣對學生的作用，主要表現在學業動機、學業成績、文本閱讀的理解能力等方面。增強學生的學業興趣，一定程度上能加強、提高學生去學習的動機與成績。

德索薩與奧克希爾圍繞兒童的興趣對理解監控能力的影響進行了研究，結果表明，興趣程度能提高兒童的理解監控測驗成績。另一研究以大學生為被試，研究結果表明，興趣程度高的大學生比興趣程度低的大學生更相信自己所填的詞是正確的。

③維護心理健康

興趣愛好能幫助個體滿足自己的需求，提高個體的自我效能感，體驗到快樂的情緒。它也能幫助個體緩解焦慮。

有研究者曾探討興趣愛好對心理健康的作用，結果表明，經常參加興趣愛好活動者的心理健康程度明顯優於沒有興趣愛好者和有興趣愛好但不行動者。

(3)對興趣的影響因素的研究

對興趣的影響因素進行研究，可以針對性地激發學生的興趣。

學生進行學習興趣的影響因素主要有兩方面：一方面是外部原因，是學生之外的影響興趣的因素，如老師和父母的態度、教學工具、周圍的學習環境、學習內容的特點難度、師生關係情況等；另一方面是內部原因，也就是學生本身的原因，如對事物的好奇心與求知欲、教學內容是否符合個人需要、是否有遠大的抱負等。

研究者探究了小學高年級學生的興趣與成績和自信心的關係，結果表明，對學業的興趣針對小學高年級學生的成績與自信心有很大的促進作用。更有研究發現，興趣高的學生具有樂群性、穩定性和自律性的人格特徵，興趣低的學生具有興奮性、緊張性和憂慮性的人格特徵。

二、課程目標

著名的心理學家皮亞傑(Piaget)曾說過：「所有智力方面的活動都要依賴於興趣。」當個體對某事物有興趣的時候，求知欲與好奇心就會使個體產生內部驅動力，激發內心的正向情緒，使個體的思維更活躍，學習的效率也會因此大大提高。本課程的目的是讓國中生了解興趣，意識到興趣的重要性，並在活動中感受到興趣帶給自己的快樂與動力。

三、課堂實錄

楊老師：大家好，我是楊老師。我聽說班上有59位同學，今天來到這裡的有27位同學。

學生們：28位。

老師簡單地進行自我介紹，透過詢問，了解到學生是透過抽籤的方式來這裡上課的。

楊老師：28位同學，你們是怎麼選的？

學生1：抽籤。

楊老師：他說是抽籤抽來的，你們太幸運了，是吧？

學生們：是。

楊老師：你們覺得抽籤是抽到了高興還是沒抽到高興？

學生們：抽到了才高興。

楊老師：為什麼？

學生們：因為喜歡心理學。

楊老師：好的，那麼把掌聲送給在場的喜歡心理學的楊老師和同學們。各位親愛的同學，我們今天跟大家探討一個話題，大家看一下螢幕，話題叫「興趣帶領我們探索世界」。大家看一下，我想問一下，我們今天要探索的是哪個主題？

透過大螢幕，向學生展示這堂課的主題 —— 興趣。

學生們：興趣。

楊老師：對，興趣，我們今天要探索的主題就叫作興趣。那興趣是什麼？等一下我要跟大家一起交流。大家看一下我們今天探索的是國中生的什麼情緒？

學生們：正向情緒。

楊老師：對，就是正向情緒的培養，正向情緒中有一個情緒是興趣，今天我們就要探討這個話題。請大家先拿好筆和紙，之後都站起來。我們到中間來，1、2、1、2 報數，聽懂了嗎？

學生們：聽懂了。

（學生們報數中……）

楊老師：請報 1 的同學圍著我站一圈，貼得緊湊一點。

報 2 的同學，請你幫助一下前面報 1 的同學，搬一個椅子放到他身後。（學生們行動中……）注意報 1 的同學，你在不挪動你的椅子的情況下，坐下來朝向「2」。再說一遍，就是你在不挪動椅子的情況下，坐下來朝向你對面的那個「2」。（學生們行動中……）你們現在是不是一對一了？好，那麼報 2 的同學也請你搬一個椅子自己坐下來。坐在「1」的對面，促膝談心。你們試過這種方式嗎？

簡單地 1、2 報數，將學生進行分組。

學生們：沒有。

楊老師：沒試過這種促膝談心的方式，是吧？是不是滿好奇的？是不是很感興趣？

學生 1：對。

楊老師：你猜猜要做什麼？

學生 1：可能是聊天。

楊老師：可能是聊天。你怎麼猜的？

學生 2：我覺得可能是互相問一些問題。

楊老師：可能是互相問一些問題，你對這件事情是不是很好奇？

學生 2：是。

楊老師：你會不會好奇等一下會有什麼動作？它是不是會帶著我們去探索一些東西？好的，其實跟大家猜測的八九不離十。我現在提一個問題，面對面的同學，你們相互回答，你說給他聽，他說給你聽。說完以後我會讓大家站起來移動位置。又感到好奇了吧？我看你眼睛一直眨，是不是特別感興趣？我們就要帶著這個興趣去探索。好，第一個問題，我想問問大家，什麼叫興趣呢？

老師一步一步地引導學生產生對這個活動的興趣。

（學生們自由討論中……）

楊老師：我聽到有一位同學說，我想做的就是興趣，是吧？你們相互之間都說了嗎？

老師提出第一個問題——什麼是興趣？

學生們：說了。

楊老師：繼續，沒有說完的繼續說。

現在，我問大家第二個問題，你覺得自己在生活中對什麼非常感興趣？想一想。

（學生們自由討論中……）

楊老師：我請問一下你是怎麼跟他說的？

老師提出第二個問題——在生活中你對什麼感興趣？

學生 1：我對讀書感興趣。

楊老師：你對讀書感興趣。對哪一類書籍感興趣？

學生 1：都可以。

楊老師：都可以，文學的、哲學的、心理學的？

學生 1：心理學。

楊老師：他對心理學特別感興趣。你呢？

學生 2：運動。

楊老師：你對運動特別感興趣是吧？都有哪些運動讓你特別感興趣？

學生 2：比較慢的。

楊老師：慢的，有哪些？

學生 2：慢走。

楊老師：慢走，好的。現在內圈的同學不要動，外圈的同學請站起來，向你的右邊跨一步，挪一個位置。之後坐下來，跟你對面的同學握手，跟他說「你好」。你要把你這種快樂的情緒表達出來，充分地表達，敞開自己的心扉去說。我們一起來看一些名人名言。愛迪生說：「驚奇是科學的種子。」對這件事情感興趣，我們才會去發現、去探索，這就是科學的種子。

心理學家、教育學家木村久一，他說：「天才就是強烈的興趣和頑強的入迷。」

老師借助幾位名人說的關於興趣的名言，道出興趣的重要性。

歌德說：「哪裡沒有興趣，哪裡就沒有記憶。」這句話是什麼意思呢？如果對這件事情感興趣，就會怎麼樣？

學生們：記住。

楊老師：對，記憶力就會更好，就能記住它。你感興趣的事你才能記住，不感興趣是不是就忘記了？就很容易忘記。再來，偉大的科學家愛因斯坦，他說：「我認為對於一切情況來說，只有熱愛才是最好的老師。」熱愛是什麼？

學生們：興趣。

楊老師：也是對一件事投入，有非常多的興趣。教育學家贊可夫（Zankov），他說：「對所學知識的興趣可能成為學習的動機。」興趣就是什麼？學習的動機。

楊老師：好了，看了這些名言之後，你和對面這位同學握握手，說一下聽完這些名言之後你的感想和感受。你說給他聽。

（學生們自由討論中……）

楊老師：對，大膽地說，說你的感想。你是怎麼說的？

老師提出關於興趣的第三個問題——看到螢幕上的關於興趣的名言，有什麼感想和感受？

學生 1：我說我們可以把讀書當成一種動力。

楊老師：當成一種動力，如果對讀書感興趣，我就可以把它作為前進的動力，是吧？你是這樣跟他交流的嗎？

學生 2：是的，他說得對。

楊老師：你贊同他是吧？好的，那這位同學，你對面的這位同學是怎麼跟你分享的？

學生 3：他跟我說，他對這些名言沒有什麼感想。

楊老師：你對這些名言沒有感想是吧？沒有感受對吧？那你贊同這些話嗎？

學生 3：贊同。

楊老師：贊同也是一種感想，對吧？就是說沒有異議。你有什麼感想？

學生 4：沒有。

楊老師：沒有，跟他一樣的是吧？

（老師指向下一個同學）

他是怎麼跟你交流的？

學生 5：他跟我講，讀書可以是一種動力，就是你在學的過程中，你會感到十分愉悅、輕鬆，別把它當作一種困難來對待。

楊老師：好的，下面我再問第四個問題。請外圈同學站起來，同樣向右邊跨一步，換一位同學，向你對面這位同學告別，說「再見」。來，坐下來，拉著你對面這位同學的手，同樣跟他說「你好」。

學生們：你好，你好。

楊老師：我發現女生這邊特別熱鬧，男生那邊都沒聲音。你們難道不友好嗎？一定也友好吧？請你和對面這位同學談一談，你在生活中或者上學中，或者是你在和別人交流的過程中，一件你特別感興趣，想要分享給他的事情。比如說遊戲，比如說唱歌，比如說運動。你覺得有趣的，你想分享給他的事情。好，開始。

老師提出關於興趣的第四個問題——與對面同學分享一件你感興趣的事情。

（學生們自由討論中……）

楊老師：我剛才看到有同學在寫自己感興趣的事情。

好的，下面每一位同學把你生活中或經歷中你特別感興趣的事情，寫在你的本子上。好，開始寫。

（學生們在本子上寫自己的興趣……）老師讓學生在紙上寫下自己感興趣的事情，然後同伴互相分享，進行討論。

楊老師：寫完之後，你就和對面這位同學交流一下，讓他看看你的，你看看他的。

（學生們自由討論中……）

楊老師：好，寫了可以交換看。你寫得還不少，興趣真多。寫好了互相看一下。

學生們：看過了。

楊老師：看過了。什麼是你感興趣的事呢？睡覺和遊戲。是不是平常睡得很少？壓力大？

我找兩位同學來分享一下。在這個過程中，你回想一下你遇到的這些對你來說特別感興趣的事情，它們給你帶來什麼樣的情緒體驗？這是我們要關注的。我請同學來跟大家說一下，哪位同學願意分享一下？你有哪些興趣？然後你在做這些感興趣的事時，給自己帶來了什麼樣的體驗？

學生 1：我的興趣有聽音樂、彈吉他、看韓劇。

楊老師：她有那麼多感興趣的事，聽音樂、彈吉他，看來她是一個多才多藝的孩子。她還喜歡看韓劇。喜歡看韓劇的同學舉手我看看。都是女孩子，男孩子有嗎？手放下，我問一下，你在做這些感興趣的事情時，你內心的情緒體驗是什麼？

學生 1：就是很放鬆，比較愉悅的那種。

楊老師：比較愉悅是吧？我看到當你說興趣的時候，你的臉上就洋溢著燦爛的笑容，是不是？好的，很好，給她掌聲，很棒。

老師找學生分享自己感興趣的事情和自己內心的情緒體驗。（訪問一個男生）

這位男生，你跟大家說一下你自己非常感興趣的事，然後說一說你的體驗。

學生 2：我比較喜歡閱讀，特別是歷史和科幻類的，我覺得歷史是人類歷程的一種記載，科幻的作品則是對人類未來的一種猜想。可以說，歷史和科幻可能貫穿了人類的整個發展歷程，從遠古到未來。

楊老師：非常棒，喜歡歷史和科幻的，喜歡讀這些書的同學舉手我看看。男孩子都喜歡。掌聲給你們，那你們讀到這些的時候，內心是什麼體驗呢？

學生 2：讀歷史震撼了我，如以前的「一戰」或者「二戰」的時候，我們很難想像這些戰爭有多殘酷。怎麼說呢，因為現在比較和平，我可能沒有機會親眼看到那些戰場上的士兵，但在書中我卻可以看到。

楊老師：非常好，看歷史能讓我們更聰明，看歷史就像看一面鏡子，了解人類的發展史。所以這個孩子是很細膩的，也是一個有在思考的孩子，掌聲送給他。各位同學，我剛才讓大家寫一件你感興趣的事情，其實是想讓大家感受到，我們在做感興趣的事情時，內心的情緒體驗。就是當你做自己非常感興趣的事情時，你的內心就會變得輕鬆、愉悅、快樂、開心，是不是這樣的？這種令人愉快的體驗，是非常寶貴的，也是我們的一種正向情緒。大家看螢幕，我給大家講一個故事。古代有一個天文學家叫祖沖之，大家都認識嗎？

學生們：認識。

楊老師：認識？知道吧？一起喝過酒嗎？

學生們：沒有。

楊老師：開個玩笑。好的，祖沖之從小就對天地之間的祕密非常感興趣。有一天，祖父帶祖沖之拜訪一個叫何承天的精通天文的官員。何承天非常喜歡他，就問祖沖之，研究天文很辛苦，而且既不能靠它升官也不能靠它發財，你為什麼要鑽研它呢？祖沖之驕傲地說：「我不求升官發財，我只想弄清天地間的祕密。」這就是探求世界的一種欲望、一種興趣，促使著他去鑽研。後來祖沖之就經常去請教何承天，藉由刻苦的鑽研和努力的實際操作，最後他成了傑出的數學家和天文學家。我想問一下大家，祖沖之對天文學非常感興趣，但是他在鑽研的過程中辛不辛苦？

老師介紹古代天文學家祖沖之的故事，引起學生對興趣的正確認知。因為感興趣，即使辛苦，也會在探索中感到快樂。

學生們：辛苦。

楊老師：同樣也是辛苦的，但是自己感興趣的事情再辛苦也覺得很快樂，是不是這樣的？

學生們：是。

楊老師：比如你彈吉他，辛不辛苦？你要彈一首曲子，不是那麼容易的，對吧？但是在這個過程中，為什麼那麼辛苦你還願意去做？就是因為它能夠給你帶來內心的喜悅，是吧？

楊老師：還有一個是蘇軾和蘇轍他們兄弟倆的故事。他們兩個人小的時候都不怎麼愛看書，他們的父親就故意躲在角落裡去讀書。蘇軾和蘇轍看父親總是躲在隱蔽的地方，非常好奇父親在做什麼，就跑去看。他們看到父親在看書，可是他們一問父親看什麼書，父親就把書藏起來了。兩個孩子以為父親瞞著他們在看什麼好書，便趁父親不在家的時候偷偷拿出來讀。透過這種方式，他們兩個就漸漸地著迷於讀書，把讀書當成了一種樂趣，從而形成了一種全新的生活方式。這個故事說明什麼呢？告訴我們什麼呢？你站起來說。

透過蘇軾和蘇轍的故事啟發學生進行思考。

學生 3：原來從一開始的時候，你並不覺得一件事新奇特別，但是你對它產生興趣以後，你就會發自內心地喜歡它，想去接觸它。

楊老師：不錯，掌聲給他，理解得很好，請坐。

當我們對一件事情感興趣的時候，我們就會有一種鑽研的欲望，就想去看看它到底是什麼。所以興趣這種正向情緒給我們帶來了探究的欲望。當我們有興趣的時候，就會去探索，就會去想辦法，是不是這樣的？有沒有這樣的體會？

學生們：有。

楊老師：有這樣的體會，那麼探索了之後，你的內心就會有一種非常強烈的體驗，是吧？好，我也給大家講一個我自己的故事。我也是一個特別喜歡探究的人，對什麼新鮮事物都特別感興趣、特別好奇。有一年過年我去美國旅遊，就很好奇一件事，每當我走到十字路口的時候，都會有個牌子在路口，寫著「STOP」。汽車到這個地方都會停下來，沒有交警看著也會停。然後行人要從這裡經過的時候，汽車會停下來讓行人先通過。我就特別好奇，美國人的品性是不是特別好？這個疑問就促使我去探究，我就在想真的是這樣嗎？後來經過詢問我才知道，原來這跟美國人的品性無關。這到底是怎麼回事呢？原來車遇到「STOP」這個牌子時就必須停，如果不停，一旦被發現了，就要被罰款，這可不僅僅是罰多少錢的問題。

學生們：扣分。

楊老師：對，扣分，也不僅僅是扣分的問題。

學生們：拘留。

楊老師：對，拘留，非常嚴重，只要你違反了交通規則，輕則扣分罰款，罰款特別重，重則讓你去坐牢。

正因為我對這個事情特別好奇，去探究它，才發現了真相。

老師透過分享自身在美國的經歷來說明自己是個有好奇心的人，喜歡探索未知事物，對外界充滿好奇與興趣。

各位同學，透過我這個故事，包括前面那個故事，你們是不是有所感受？跟你對面的同學說一下你的感受。

（學生們自由討論中……）

楊老師：好的，同學們來看大螢幕。興趣就是人探索某件事物和某種活動的心理傾向，它是一種心理傾向，我有這個欲望，才會想辦法去探究它。有的同學喜歡看歷史書，有的同學喜歡看韓劇，有的同學喜歡睡覺，為什麼？因為你想要對不對？興趣也是這樣。

透過老師分享的幾個故事，讓學生自由討論，交流各自的感受與體會。

興趣其實是推動我們了解事物、探索真理的重要動機。大家是不是都聽過牛頓被一個蘋果砸到的故事？

老師開始介紹興趣的概念定義。

學生們：是。

楊老師：他是怎麼想的？蘋果為什麼會掉下來？它怎麼不往上飛？他就是感到很好奇，於是他發現了萬有引力定律。你來說說你的感受。

學生 1：為什麼砸下來的是蘋果，不是椰子或者桃子？

楊老師：因為他坐在蘋果樹下是吧？你要是坐在椰子樹下，有可能砸下來椰子對吧？還有伽利略想看看不同重量的鐵球落下來會不會同時著地，他是不是做了實驗？

學生們：對。

楊老師：他去做實驗，這就是一個興趣，對這件事感興趣，想要探究它。透過這個興趣、這個探究，最後得出的實驗結果會讓我們有什麼感受？你說。

學生2：快樂。

楊老師：對，感到很快樂，因為是你探索出來的，是吧？假如說將來你發現一個什麼樣的定理，以你的名字命名，你會覺得你為人類做出了很大的貢獻。

老師介紹興趣的類別層次。

好，往下看。我們來說一下興趣的類別層次。直觀的興趣就是感官興趣，比如說我喜歡睡覺，這是感官上的興趣，是吧？火鍋很好吃、電影很好看、遊戲很有趣，這是感官上的興趣。但是如果往深處走，你就會探究一下這部電影講的是什麼，它為什麼用這種方式去拍攝，它講的是什麼樣的文化。讀了歷史書以後，我們就會發現人類的歷史這麼浩瀚，就會開始探索。吃飽飯以後，你就開始思索，人為什麼要吃飯？

老師一步一步地深入下去，介紹興趣的類別。

學生們：餓。

楊老師：餓的話，我可以就吃個饅頭或吃飯，為什麼要吃火鍋？

學生們：好吃。

楊老師：對，火鍋好吃。不同地方的火鍋有什麼區別？這個時候你就開始探索風土人情和文化了，這就叫作自覺興趣。是不是上升了一個層次？從這個角度來說，如果興趣發展得很好，比如說我喜歡看歷史書，將來我就要研究人類的發展史，對不對？我喜歡彈吉他，我將來要進行吉他彈奏的創新，對吧？我喜歡看韓劇，我將來要成為電影導演，來拍一部劇，對不對？也讓大家喜歡看，是吧？這就發展了自己的興趣，將其變為自己的理想和自己的夢想。我們為之努力，這就成了我們的志向。這一段之後你有什麼感想？跟你對面的同學說說看，跟他說你的感受。

因為興趣，人們願意去探究，然後不斷地發展自己的興趣。

（學生們自由討論中……）

楊老師：說說你的感受。

老師問學生對於這段的感受。學生分享感受。

學生 1：我覺得興趣不一定需要努力維持，興趣可能就是你在平時生活中比較會關注的事物，比如說有人喜歡做飯，但是他不會放棄自己的工作或者其他的時間，只是在平時煮飯的時候就關注一下應該怎樣做比較好吃。

楊老師：這位同學提出自己的想法，請坐。他說我喜歡做飯，但我不一定要當廚師，我也不一定要成為美食家，我可以把它當作我的一個愛好，是不是？我們剛才講到了，你的興趣可以發展成為你的理想，成為你人生的一個方向，但你也可以把它當成一個愛好，因為你可能有其他更看重或者更需要的工作。即便這樣，有一個興趣也可以讓你的生活更加愉快和輕鬆。

好，我來問一下其他同學有什麼感想，還有誰願意交流一下？你想說，來。

學生 2：剛開始是簡單的問題引起我們的興趣，然後我們再慢慢思考其他問題，不斷發展成為更深層次的探索。

楊老師：你贊同這個層次的劃分，將來也想從這方面開始探索的，對吧？好，掌聲送給他。接下來，我播放一段影片給大家看。皮克斯的一部動畫片，叫《小鷸初登場》(Piper)，看完之後，你要想一想，你有什麼感受。

（學生們觀看影片中……）

楊老師：你們看完以後，你們印象最深刻的畫面或者感受是什麼？跟你對面的同學溝通一下。

（學生們自由討論中……）

學生與老師一起觀看皮克斯的動畫片——《小鷸初登場》，觀看結束後與對面同學交流分享自己印象最深的一個畫面，或者說在什麼地方自己的感受最深。

楊老師：好，外圈的同學站起來，再向右邊挪動一個同學的位置，好，你再跟對面這位同學溝通一下，你問問他，你在小短片裡面看到了什麼？你有什麼感受？你有什麼收穫？跟他溝通一下。

（學生們自由討論中……）

楊老師：哪位同學願意跟大家分享一下你剛才看到的，有什麼地方你覺得特別有感覺，有什麼感受？你可以跟大家分享一下你的感受。

學生3：我感覺可以到海裡去。

楊老師：可以到海裡去？

學生3：牠發現螃蟹也可以到海裡去，後來就覺得自己也可以。

楊老師：就是後來牠發現寄居蟹也可以跑到海裡去，最後呢？

學生3：最後那些其他的鳥都會跑進去，牠就跑進海裡去撿東西。

楊老師：你看完以後有什麼感受？

學生4：要去發現自己的興趣。

楊老師：自己要去發現和探索自己的興趣，是吧？好，請坐。還有哪位同學願意跟大家分享一下？同學們，大家看我這裡，我想問大家幾個問題，這隻叫鷸的小鳥，牠剛出生，對到大海裡去探索，是不是特別感興趣？

學生分享自己看完影片後的感受。

學生們：對。

楊老師：然後無知無畏對不對？跑到大海裡之後結果怎麼樣了？

學生們：被淹沒了。

楊老師：被海浪淹沒了，是不是？淹沒了之後就會怎麼樣呢？

學生們：害怕。

楊老師：牠就害怕了是吧？剛開始牠往大海跑的時候，是不是心裡很高興、快樂？

學生們：對。

楊老師：當我們有興趣的時候、當我們去探索的時候，內心是愉悅的，是快樂的，是開心的，但是當我們遇到挫折的時候，我們就怎麼樣？是不是害怕了？是不是會退縮？那麼在退縮之後、害怕之後，牠是什麼樣子的？

學生們：又餓了。

楊老師：又餓了，出於對這種生存的需求是吧？必須養活自己，這是一種。還有呢？還有被牠的朋友寄居蟹鼓勵，小寄居蟹跟著爸爸媽媽一起出海，鼓勵牠是吧？讓牠看一看大海裡有好多漂亮的小牡蠣、小貝殼是不是？之後牠發現，海浪來的時候埋到沙堆裡，就可以看到一個驚奇的世界、一個光怪陸離的世界。等到海浪退下去的時候，牠就知道這些小貝殼在哪裡了，對不對？

所以當我們對一件事情感興趣的時候，在探索的過程中會不會遇到一些挫折或者是困難？是不是一定會遇到？遇到挫折和困難的時候，我們可以怎麼做？也就是說探索興趣的過程，不僅有愉悅和快樂，同樣會給我們帶來一些壓力，帶來一些恐懼，但是如果我們戰勝恐懼、戰勝壓力，會迎來什麼？

學生們：成功。

楊老師：是不是會迎來成功？大家看一下這幾個問題，其實剛開始的時候，我也都已經問過大家，你的興趣有哪些？你是怎麼找到這個興趣的？你又是怎樣探索這個興趣的？你認為你的興趣是哪個級別？你在探索興趣的過程中有哪些感受和體會？這些問題我們都已經討論過了，接下來還有兩個問題需要大家討論一下，和你對面這位同學討論一下：你是怎麼找到這個興趣的？你又是怎麼探索這個興趣的？

課程的最後，老師對內容進行梳理，深化興趣的主題。

（學生們自由討論中……）

楊老師：我找個同學來分享一下。

學生 1：我喜歡彈鋼琴和背一些法規，我從幼稚園中班的時候一直彈鋼琴到現在，彈了 11 年，小時候就因為彈鋼琴經常被我媽媽打。我四年級考過了鋼琴證書，後來我媽媽讓我彈一些自己喜歡的曲子，每天彈一些自己喜歡的曲子我就很開心。我背法規是覺得可以用它們來保護自己，就是一些人侵犯你的人身權利的時候，你可以去反擊。

楊老師：好，掌聲送給她。這位同學講到了，她在探索自己的興趣時，在媽媽的支持和幫助之下，甚至是打罵和督促之下，最後嘗到了成功的快樂，同時她也願意探索法律知識，願意從這方面去保護自己，真的非常好。

以學生分享感受、老師總結並派作業結束了這次課程。

親愛的同學們，因為時間的關係，還有一個問題我們就不進行了，這個問題是，在探索興趣的過程中，你有哪些感受和體會？我相信今天的課堂內容你不一定能全部理解，甚至你不一定全部都能感受得到，至於剩下的這個問題，就當給大家的作業吧。大家自己去想，在你探索自己興趣的過程中，你有哪些感受，有哪些體會。如果能夠體會到那種積極的、正向的、能給自己帶來愉悅的情緒，同時能在自己探索的過程中不屈不撓、鍥而不捨，甚至能找到自己的理想和夢想，那就是最好不過的了。

現在請同學們把我們的椅子圍成一個大圈，坐在這裡。用眼睛看一下我們在場的所有同學，看看我們這些抽籤來的幸運兒。把你們手裡的本子放下，把兩隻手伸出來，用我們最熱烈的掌聲，向所有同學表達我們內心的愉悅、開心和快樂。好的，也可以把你的掌聲對著你特別想表達感謝的那位同學，再把掌聲送給你身邊的同學。今天我們的課程就到這裡了，也非常感謝同學們的支持和配合，希望以後能夠再見到你們這群可愛的孩子。謝謝大家，謝謝。

學生們：謝謝老師。

楊老師：同學們再見。

四、課後點評

1 優點

老師在課程中充分使用了「此時此地」的技巧。此時此地技巧是團體導師透過將團體成員在現場的行為、語言、表情等線索回饋給團體成員，使其覺察到自己的表現，促使其反思，引發其回饋，以幫助團體導師確定問題所在的一種技巧。

心理學工作者都明白，只有當事人進入自己的內心世界，導師才能夠有效地協助當事人尋找問題的根源，找到解決問題的方法。團體中的即時事件，比同時發生於團體之外或以往發生的事件都更為優先。這種聚焦於此時此地感受的做法，能大大促進每位成員自我知覺的產生與發展。楊老師聽說學生們是抽籤來上這堂課的，這是一個「此時此地」的臨時生成。當她聽說同學們是抽籤來的，她就把這種現象拿出來作為課堂上的開場，這說明老師可以不用按照既定安排，而是根據學生的實際情況臨場發揮，這就是運用了「此時此地」的技巧。

2 缺點與建議

(1) 沒有找到上課技巧與知識的結合點

老實講，興趣這堂課我的滿意度不高，因為楊老師這堂課沒有找到與上課技巧的結合點，沒有把興趣這個正向情緒的知識轉化成更匹配的上課方式。因此在這堂課裡，她在課堂中總是沒有接觸到重點。我在想，她為什麼沒選感恩、驕傲、自豪這種容易切入的情緒？這些情緒都是更普遍的，而興趣這個正向情緒，對中小學生來說，是不太容易理解的。

(2) 要注意不同階段的學生的心理特點

國中階段的孩子處於青春期，他們的情緒更豐富，內心體驗更加深刻，心理具有矛盾性，強烈與溫和並存，內向與表現欲並存。這個階段的學生，你會突然發現他們沒那麼喧嘩了，但是他們又沒有特別獨立。他們正處於自我意識快速發展時期。

在課堂上，分享自己的興趣，從分享到討論，從討論到思考，兩次舉手，男女有別，這時候應該是一個深入解讀的機會，畢竟不同類型的人興趣是不一樣的。

(3)「內外圈」技巧的運用要深入

有同學說「內外圈」可能是為了聊天，為什麼說這是情理之中、意料之外呢？其實上課和寫一篇文章、做一件藝術作品是一樣的。不能一上課，學生就已經知道接下來要發生什麼了，你一定要讓學生能夠理解，他參與的時候覺得很好，但是他又不知道下一步是什麼。如果你在帶「內外圈」的時候，沒有達到這個效果，這個「內外圈」就失去作用了。

在做「內外圈」的時候，老師容易犯一個錯誤，就是把「內外圈」當成一個切入點，而不是當成一個上課技巧。因為老師總是讓學生在這裡換位置，學生站好位置說兩句話就結束了，而不是讓學生以「內外圈」的方式討論問題，外圈的學生應該討論一個問題換一下位置，而且速度要快。

如果老師只是拿這個技巧做一個幌子，並沒有深入運用，那麼這個「內外圈」模式就是一種浪費。人的熱情是有限的，你讓學生圍一個「內外圈」，前期報數，又做了很多準備工作，結果弄兩下就沒了，這不是浪費是什麼？

(4)課堂要真實

在課堂上，談到很多名人說的關於興趣的名言。比如，愛因斯坦說「熱愛是最好的老師」等。其實熱愛跟興趣是有很大關聯的，而熱愛往往比興趣更容易解讀一些，如果從熱愛層面再深入，會不會好一些？聽完這些名言之後，再拉著同學們的手，好好談談自己的理解，這樣是不是更好？

在課堂上，有一對男女同學沒有說話，我不知道楊老師是不是看到了，就會讓他們講。其實他們兩個人從頭到尾都沒說話，我一直注意著他倆沒說話。這個時候需要老師注意到「場域」裡所有的同學，但是楊老師又沒有完全注意到，雖然過來干預，也沒有干預成功，他們仍是沒說話。其實這個時候也可以不干預，不理他們，但是讓他們轉起來，讓他們轉個七八個同學，半分鐘一個；一個話題蜻蜓點水不要緊，因為你要的是讓他們動起來，讓他們對這個問題先有這樣一個概念，而不是讓他們馬上就要理解興趣是什麼，所以「內外圈」的技巧要運用得好。

思考如何讓課堂真實，是我們一直在強調的。我們不要製造假課堂，我們要向假課堂宣戰，我們的課堂要真實。因此從我的點評開始真實，到我們的代課老師真實，再帶領同學們慢慢適應這種真，不要在假課堂上繼續演下去。有一句話說：「千教萬教教人求真，千學萬學學做真人。」這句話指明了教育最重要、最本質的地方。我們今天需要真實，我們要思考導致課堂不夠真的因素是什麼。

(5) 一層一層地深入主題

興趣這個主題並不好談，老師可以讓學生分享自己的興趣愛好。比如，我有哪些愛好？我為什麼會有這樣的愛好？這樣的愛好會給我帶來什麼？我要做一些什麼？就是這樣一層一層地分析，階段要清晰一點，如果不清晰，學生到最後對興趣還是懵懂的。

在課堂上，其實我們很容易發現男女有別。男生都說做什麼？運動。女生都是說看劇、聽音樂。這個時候其實是一個機會，可以提示一下——「各位同學，大家注意到了嗎？男生和女生獲得興趣的方式不一樣」。每個人都有不同於他人的獲得興趣的行為，或者是說他們可以產生興趣的行為是不同的，要把它直接呈現出來，讓學生明白興趣的特點，找到提升興趣的方法，然後再去做具體行動。

只要我們把這個「是什麼」「為什麼」「怎麼辦」拆開，透過技巧一步一步地在課堂裡進行，就是一堂很好的體驗式團體課。但是因為楊老師沒有轉換成很好的技巧，這就變成了一堂體驗式的講座。

體驗式團體課是以上課技巧為載體，在能量的推動下實現的。體驗式講座則是以教育技巧為載體。比如，楊老師在這堂課中用到的教育技巧就是電影教育技巧，其實這已經不是團體技巧了。為什麼楊老師沒有用到團體技巧呢？原因就在於楊老師對興趣的深度解讀還不夠，還不能將其轉換成具體的技巧，她選了一顆硬柿子。

就算換作是我，興趣這個主題也是不太容易拿捏的，這個內容不好用教育技巧進行。帶領者提到做自己感興趣的事情，再辛苦也不苦了，其實這個時候還可以再深入一點，讓學生思考為什麼不辛苦？因為興趣是一種正向情緒，這種正向情緒是可以化解辛苦的。這裡沒有把它說得更清楚。

如果這時候有一個學生主動舉手談興趣，這是不是又是一次機會？借這次機會，你就要把邏輯講清楚。講解清楚之後，此時有個學生分享，你再去附和他，這時候就會好一點，不然的話，這堂課就是模糊的、界限不清的、概念不清的，這個部分我們要說清楚，慢慢咀嚼，理解透徹。

興趣是一種正向情緒，它是我們在行為發生之前的一種狀態。如果我們有了這種狀態，就可以隨時投入一件事情。這種狀態如果一直保留，那麼這個人就是一個願意參與、願意去鑽研的人，就是一個具有創造性的人。

興趣是一種準備狀態。一個有興趣的人，他不是只喜歡一種事物，而是愛好廣泛、涉獵廣泛，參與速度快、投入快，鑽研會比別人深，享受的也比別人多。如果老師掌握了整個邏輯，其實就弄清楚了行為和興趣的關係。

其實我在聽課的時候，有去搜索興趣的相關研究，我發現，很多人都在研究語言教學、歷史教學、音樂、體育教學與學習興趣的關係，很少有具體對興趣培養的相關研究。但這個確確實實是學生心理教育或者學生動力的很關鍵的點。興趣與學習效能、學習動力有很大關聯。如果每個學生都具備學習興趣，學習動力和成績就會得到提高。

(6)面對不同的群體要學會轉換角色

楊老師在講述自己在美國的故事時，她講話的語氣就感覺是講給小學生的，這是不匹配的。我不知道中學生能否能適應，反正我是有點不適應的。為什麼會這樣？因為楊老師做了 20 多年的小學老師，在面對中學生的時候，氣質不足以匹配。你要拓展自己，還要變化你的語言風格。

保持興趣的人，具有創造力、解決問題的能力、關注和參與的能力。講到興趣的概念後，楊老師有點說教的味道：「看完影片後有什麼感受體會，與對面的同學們分享一下。」這時候有的同學就有點不耐煩了，我聽到有個同學嘀咕「又要說一說了」，楊老師隨後單獨找一個人分享，然後又拉回來自己說了一大段。本來楊老師是讓大家分享一下，結果人家剛說兩句，老師又說了一大段，這顯然是老師很想說，所以我說這時候楊老師「不夠真」。

3 其他思考

隨著智能的發展，以及社會對未來人文教育的更高要求，我們有些教育方法很快就會落後，所以我們要更加精益求精，才能跟上這個時代的步伐。就拿寫書來說，早期的心理健康教材，就是學校裡的老師寫一些理念、理論就可以了，後來我們再出書的時候就直接提出案例。現在案例也不行了，因為很多學校開始自己編寫教材。那麼我們就要更新、提高，我們開始對教育技巧背後的原理，對操作層面進行更深入的解讀。所以我們現在出版的書是真實的案例集，同時把理論和技巧全部納入。慢慢地，就會有老師拿著這本書閱讀、學習。

我們的教育就應該走在前面，因此今天我們應該試圖更加精進，精進不僅是要加強技巧，還要懂人心。大家看到了沒，現在我們對課程的評論，基本上都是圍繞著人，多研究人的層面，如學生的心理、老師的心理等。

4 老師備課過程的思考與總結

（以下是帶領者楊老師的小結實錄）

當時做這堂課的時候，我也很有壓力。雖然跟韋老師學了很長時間，也接觸過生涯規劃，但是正向情緒和正向特質的區別比較大，我對正向情緒這個內容接觸也不多。當我接到這個任務的時候，真的是非常焦慮，備課的時間也很有限。為了備這堂課，我把「團體的正向心理學技巧」這門課研究了兩遍，看得很仔細。然後我還看了婚姻家庭系列課，因為這堂課有關於正向情緒培養的部分。我也在網路上查了一些資料，購買了一些書籍查閱。

在我放假回來後，我又把這個課程調整了一遍，重新開始做，包括 PPT 中的一些圖片，都是我從網路上下載的。當時我找了很多很多，但都不是很滿意，包括興趣這個主題，我就覺得不是很滿意。因為前期做了很多準備，這個過程我覺得有收穫，覺得自己成長了，有進步。尤其是在老師點評之後，我就會知道自己哪些地方沒有做好，哪些地方需要加強，哪些地方是不夠深的；就會知道我對正向情緒的知識掌握得還不夠。因此特別感謝韋老師對我的指點。

第四節
班會 4：感受正向情緒的魅力

一、背景介紹

1 情緒與正向情緒的定義

情緒正如「時間」「意識」等概念一樣，雖然我們在日常生活中經常使用它，但是卻很難給它下一個定義。哲學家與心理學家為此爭論了很多年，依舊沒有形成統一的說法。一項研究表明，心理學界為情緒下的定義至少有 90 種之多。

根據大眾對情緒的理解，情緒主要是指個體一系列主觀認知的統稱，是多種感覺、思想和行為綜合產生的心理狀態與生理狀態。情緒是人對客觀事物態度的主觀體驗和相應的行為反應，它反映的是客觀外界事物與主體之間的關係。主觀體驗、外部表現、生理喚醒這三個部分構成了情緒。主觀體驗是指個體對不同情緒的自我感受，是這三個部分中最重要的一個；外部表現即表情，包含面部表情、姿態表情與語調表情；生理喚醒是指情緒產生的生理反應，如血液循環、膚電反應等。

正向情緒即正性情緒或具有正效價的情緒。正向情緒是指個體由於體內外刺激、事件滿足個體需求而產生的伴有愉悅感受的情緒。關於正向情緒的內容，第一章已經介紹得很詳細，這裡就不加贅述了。

2 情緒的四種功能

情緒具有四種最基本的功能。

第一種是適應功能。情緒是有機體生存、發展和適應環境的手段。例如，用微笑表示友好。剛出生的嬰兒不能用語言與他人進行交流，他們主要以情緒與成人進行交流。

第二種是動機功能。情緒構成一個基本的動機系統，它可以驅動個體從事活動，提高個體活動的效率。情緒是個體動力的泉源，能激發個體的潛能，提高個體的辦事效率。例如，適當緊張和焦慮促使人們積極思考和解決問題。

第三種是組織功能。情緒對其他的心理活動具有組織的作用，主要表現在：正向情緒對活動發揮協調和促進的作用；消極情緒對活動發揮瓦解和破壞的作用。在人的行為表現上，當人處於正向情緒狀態時，表現為開放、關注美好事物；當人處於消極情緒狀態時，表現為失望、具有攻擊性行為。

第四種是信號功能，又稱為社會功能。情緒與情感在人際間具有傳遞資訊、溝通思想的功能，這種功能透過情緒來實現。例如，微笑表示開心，皺眉表示不開心。

3 情緒的分類

人類有多種情緒，而且情緒有多種混合，甚至還有多種細微差異的「近親」。情緒的劃分方法比較多，目前主要使用的劃分方法是分類取向和次元取向。

(1) 分類取向

美國著名心理學家伊扎德將情緒分為基本情緒與複合情緒。

基本情緒又稱為核心情緒。基本情緒是天生的，是人和動物所共有的，每一種基本情緒都有它的生理機制、內部體驗與外部表現，並具有不同的社會功能。當代心理學家將喜、怒、哀、懼作為最基本的情緒。伊扎德提出人類具有 11 種基本情緒，分別為興趣、驚奇、痛苦、厭惡、愉快、憤怒、恐懼、悲傷、害羞、輕蔑和罪惡感。

複合情緒是由基本情緒衍生出來的。伊扎德將複合情緒分為三類：第一類是在基本情緒的基礎上，2 ～ 3 種基本情緒的複合；第二類是基本情緒和身體感覺的混合；第三類是感情認知結構和基本情緒的混合。

(2) 次元取向

研究者根據情緒的外部表現形式，發現情緒存在兩個穩定且相對獨立的次元，因此形成了兩個次元模型，如能量——緊張模型、積極——消極情感模型、效價——喚醒模型等。目前常用的是效價——喚醒模型，即根據效價將情緒分為正、負兩極，位於正極的稱為正向情緒，帶給人愉悅的感受與體驗，位於負極的稱為消極情緒，帶給人不愉快的感受。透過喚醒程度來區分情緒，喚醒程度越大，情緒反應就越強烈。

4 培養正向情緒的意義

(1)確立學生的主體地位，快樂學習

孔子曾說過:「知之者不如好之者，好之者不如樂之者。」從這句話可以看出，以學習為樂趣的學生，接受知識最快，也學得更開心。

在學習過程中激發學生的正向情緒，可以提高學生的積極性，確立學生的主體地位，促進學生快樂學習。學生擁有正向情緒，會更具有社會適應性，能更好地全面發展，養成良好的人格。

在當前的教育中，學校往往過於重視分數、智育和認知過程，忽視了學生的情緒，尤其是正向情緒的培養與消極情緒的疏導。目前有些青少年出現厭學現象，學生上學的積極性與動力缺失，對讀書沒有興趣，此時正向情緒的培養就顯得格外重要。

(2) 減少消極情緒帶來的不良影響

弗雷德里克森曾經做過一個研究，他首先對被試進行壓力任務，讓被試在 1 分鐘之內去準備演講，並告訴他們，隨後會在同伴面前演講，演講的好壞由同伴評價，這樣使被試產生焦慮的情緒體驗，實驗者以此觀察被試的心率等生理變化。被試演講準備結束後，研究者讓他們看不同的短片，用不同的短片來引發被試的正向情緒、消極情緒和中性情緒。結果表明，觀看正向情緒短片的被試，心率活動恢復平靜狀態的速度要明顯快於其他兩組。

這個實驗告訴我們，正向情緒能夠有效減少消極情緒對個體身心產生的影響。如果學生學會培養正向情緒的方法，就能很好地調控消極情緒，進而獲得更多的正向情緒。

(3) 提高學生應對壓力的能力

正向情緒能提高個體的壓力承受能力。研究表明，當個體遇到壓力事件時，正向情緒能夠幫助個體減少主觀壓力，促使個體對壓力事件進行梳理，對問題進行重新評價，從而解決問題。

當學生在學業中面臨壓力時，擁有更多的正向情緒能減少學生的壓力，還能提高學生解決認知類問題的效率。

另外，正向情緒不僅能夠提高解決認知類問題的效率，還能促進人際問題的解決與談判問題的解決。因為正向情緒不僅能夠為談判營造友好的氛圍，同時由於正向情緒下認知靈活性的提高，談判者能夠想出更多的問題解決策略。

5 對正向情緒的研究

(1)正向情緒與人際關係中的信任

關於情緒對人際信任的影響，目前存在兩種具代表性的觀點。

一種觀點認為，情緒對人際關係中的信任有直接的影響，個體往往會依據情緒狀態做出社會判斷，如情感資訊模型認為，正向、積極的情緒反應表明環境是安全的，會增強信任感；消極的情緒反應表明環境中存在危險，會降低信任感。

另一種觀點認為，情緒對信任感的影響受到認知的調節，如順應同化模型所提出，正向情緒參與同化過程，傾向於對先驗知識產生評價；消極情緒參與順應過程，在估量信任感時更為謹慎。最近的研究也表明，正向情緒對信任感的影響受到個體與目標對象之間關係的影響，如當個體對目標十分熟悉時，情緒不影響信任；但是當個體對目標物件了解有限時，正向情緒就會對信任感產生增進效應。

(2)正向情緒與人的健康的關係

關於正向情緒與人的健康之間的關係，研究者提出了兩個模型，即直接效應模型與壓力緩衝模型。

直接效應模型

直接效應模型認為，正向情緒對健康有直接的預測作用。在該模型中，正向情緒首先透過內源性阿片肽、自主神經系統和下丘腦——垂體——腎上腺軸的活動、社會連繫、健康行為之實踐直接影響免疫系統和心血管系統，進而對個體健康產生作用。

內源性阿片肽可以解釋正向情緒對疼痛的緩解作用，因為它能夠使疼痛中的痛苦和情感因素鈍化。

下丘腦——垂體——腎上腺軸能夠釋放皮質醇。皮質醇是腎上腺在壓力狀態下產生的一種類激素。在壓力狀態下，皮質醇的分泌會增加，但過多分泌對身體健康有害無益，容易使生理系統發生紊亂。因此，正向情緒可以透過降低皮質醇分泌來改善個體的健康狀況。

正向情緒還可藉由促進社會連繫來影響個體健康。社會連繫能夠帶來社會支持，幫助個體應對疾病或改善免疫力。

正向情緒能夠改善睡眠品質、促進更多的鍛煉行為，這都有利於個體的健康。

壓力緩衝模型

壓力緩衝模型認為，正向情緒是藉由過緩衝壓力間接促進了個體的健康狀況。此模型是直接效應模型的補充與發展。在壓力緩衝模型中，增加了壓力因素，並將直接效應模型中的社會連繫擴展為社會、心理和生理資源。

該模型提出，正向情緒對健康的作用主要表現在個體處於壓力狀態時，正向情緒可以緩解個體的壓力，從而促進個體保持健康。

正向情緒對壓力的緩解作用主要表現在兩個方面：其一，正向情緒高的個體很少感受到壓力，不容易被捲入衝突事件中；其二，正向情緒促進個體從壓力事件中恢復，已有研究表明，正向情緒能夠幫助個體從壓力刺激中恢復到平靜狀態。

二、課程目標

佛洛伊德認為人的行為每時每刻都受制於潛意識，也就是心靈的影響，心靈的形成在很大程度上來自個體生命過往中儲存的情緒。不同的情緒狀態會對個體產生不同的影響。正向情緒對人有正向的、積極的作用，消極情緒則對人有負向的、消極的作用。本課程主要是使學生了解到情緒的概念、種類，以及體驗到正向情緒，找到培養正向情緒的方法，激發學生更多的正向情緒，使學生更好地面對生活與未來。

三、課堂實錄

韓老師：同學們好。

學生們：老師好。

韓老師：我姓韓，同學們可以叫我韓老師。

學生們：韓老師好。

韓老師：今天我們上的這堂課，上課方式跟平時完全不一樣（學生們都圍成一個大圈坐著），內容也會完全不一樣，同學們期待嗎？

韓老師自我介紹，跟學生說這次課程與以往課程的不同，引起學生的期待。

學生們：期待。

韓老師：現在先跟我們左右兩邊的同學打個招呼，跟他握個手，說「謝謝你當我的朋友」。

學生們：你好，你好。

韓老師：握過手我們感覺就不一樣了，我發現握過手的同學們全部露出了牙齒，臉上笑咪咪的。

下面我們做另一個活動，同學們把椅子往後推，把我們的圈圈放大一點。我們這堂課跟平常的課完全不一樣，需要同學們參與。同學們參與得越積極，今天收穫將越大；同學們表達得越多，今天收穫將會越多。一起跟我說 —— 全力參與。

宣告團體契約。

學生們：全力參與。

韓老師：積極投入。

學生們：積極投入。

韓老師：積極分享。

學生們：積極分享。

韓老師：相信同學們今天一定會有很多的收穫。現在請站起來，跟老師一起來做個活動。同學們說「春天到」，老師說「百花開」，同學們問「開幾朵」，老師會回答幾朵。

當我回答幾朵的時候，同學們就要幾個人把手圍成一個圈，同學們再問「幾朵紅花」，老師會回答幾朵紅花，也就是說，你們的圈子裡面至少要有幾個女生，懂了嗎？好，我們開始囉，你們先說「春天到」。

學生們：春天到。

韓老師：百花開。

學生們：開幾朵？

韓老師：開 5 朵。

（學生們已組隊……）

還有呢？你們還沒問幾朵紅花，太急了。再開始。

學生們：春天到。

韓老師：百花開。

學生們：開幾朵？

韓老師：開 6 朵。

學生們：幾朵紅花？

韓老師：2 朵。

韓老師：5、4、3、2、1，好，大家站在原地別動，我們看哪些組已經成功了。好，這個組成功，還有這個組成功了，我們男生少女生多，所以都是女生組隊也可以，懂了吧？確保至少有幾朵紅花後，那麼我們全是紅花也是可以的，3 朵、4 朵紅花都可以。好，起立再來一次，開始。

韓老師在進行引領時要根據學生的人數與性別情況來喊紅花數，尤其在最後一次，要提前設計好。

學生們：春天到。

韓老師：百花開。

學生們：開幾朵？

韓老師：開 5 朵。

學生們：幾朵紅花？

韓老師：3 朵。

韓老師：5、4、3、2、1。大家站在原地別動，我們看哪幾組成功了。沒有組隊成功的同學到這邊來，再給你們 3 秒鐘時間，快點組隊。同學們，以現在的小組形式搬張椅子圍成圈，就近坐下。

透過「百花朵朵開」的活動將學生分組。

好，大家就近坐下。一個小組圍成圈。現在大家準備推選一名組長，在我喊到 3 的時候，你把手伸向你想選的那個人，只有 3 秒鐘。想好了嗎？ 3、2、1。好的。我發現同學們有話想說，我來訪問一下組長。這位同學，大家推選你做組長，你有什麼感想嗎？站起來說一下。

各小組推選一名組長。

學生 1：很榮幸當組長。

韓老師：最起碼要很榮幸，對吧？

學生 2：我。

韓老師：你怎麼了？

各小組組長發表感想。

學生 2：被逼的。

韓老師：這位是被逼、無奈，是這種感受。

學生 3：謝謝大家。

韓老師：謝謝大家的信任，不同的同學可以有不同的感受。

學生 4：很開心。

韓老師：同學們看重你、信任你。剛才我們完成了兩個活動，各位同學心情如何？

學生 1：好興奮。

學生 2：很開心。

韓老師：很開心，同學們都笑了，都露出了自己的牙齒，這種情緒讓我們感到很舒服。請大家看我們教室的前面有個橫幅，一起讀出來。

學生們：學生正向情緒培養體驗中。

透過問學生體驗到的心情來引出今天的主題 —— 正向情緒的培養。

韓老師：我們今天上課要培養的是正向情緒。剛才我們的開心、快樂、興奮、激動，都是什麼情緒？

學生們：正向情緒。

韓老師：好，我們來了解更多的正向情緒，請同學們一起看一下。我們的情緒有正向情緒也有消極情緒，開心、愉悅、興奮等情緒是正向情緒，悲傷、憤怒、生氣等情緒是消極情緒。這裡不僅有我們喜歡的情緒，還有看起來不太喜歡的情緒，我們通常把它分為兩類。不太喜歡的情緒是不是就是壞情緒呢？其實情緒沒有好壞之分。慚愧、害怕、難過、憤怒、焦慮，同學們平常都認為它們是壞情緒。思考一下，有輛車子就要開到你面前了，你還不害怕，會有什麼樣的結果？

老師讓學生認識不同的情緒，了解情緒的種類。一類為正向情緒，另一類為消極情緒。

學生們：被撞。

韓老師：對。如果你身上的一百塊丟了，你會很難過，除非你一點都不在乎錢，這時候的難過情緒是不是正常的？情緒不分好壞，但我們不要長時間地被消極情緒控制。我們培養正向情緒，是想讓自己成長得更好，讓我們生活得更愉快。

老師提問：正向情緒有哪些？

同學們看看大螢幕（螢幕上列舉多個表示情緒的詞語），有哪些是正向情緒？

學生們：喜悅、開心、高興、興奮、激動、希望。

韓老師：同學們，我來糾正一下，「希望」這個詞，現在還有爭議，我們暫時不能把它歸為正向情緒，它更像是正向特質。快樂、安寧、感激、滿意、興趣都是正向情緒。

老師對正向情緒進行澄清，「希望」不能被歸為正向情緒，更像是正向特質。

同學們，這些正向情緒我們都曾有過。那麼有哪些正向情緒讓你印象特別深刻？現在請各位小組長到我這來，每組來領一下紙和畫筆。

（組長們發紙筆中……）

韓老師：同學們回憶一下，在我們的成長歷程當中，發生了哪些讓我們體驗到正向情緒的故事？那個時候發生了什麼？是在什麼情況下發生的？有什麼最明顯的特點讓你印象深刻？想完了，我們就把這個關於情緒的故事畫出來。

不管是快樂的故事、滿意的故事，還是興趣的故事、自豪的故事，請同學們把它畫在你們手中的這張紙上。現在開始。

（學生們自由討論中……）

韓老師：同學們抓緊時間，在5分鐘內，畫出你們的情緒故事，你們可以趴在椅子上畫畫。

（學生們自由討論中……）

韓老師：我們不一定要畫得多麼美觀，只要畫出這件事情，自己知道發生什麼事情就OK了。這不是繪畫比賽，只要把我們的心情表達出來即可。你懂，講給我聽，講給同學聽就行了，不一定要多麼像。

學生用彩色筆劃出自己心中的情緒故事，思考自己在這個故事中收穫到什麼，它為什麼讓你印象深刻。然後分享自己的情緒故事。

（學生們作畫中……韓老師來回觀察……）

還沒有畫好的同學，請再想一想，為什麼這件事情會給你這樣的體驗呢？為什麼你參與了這件事情就獲得了這樣的正向情緒？把自己的想法表達出來就行了，不一定要多像，大膽地畫。

畫好的同學，我就請他先分享。我們先請這位同學分享一下她的情緒故事。

學生 1：在一個星期天，我去補課，然後遇到一個老奶奶。她要去教堂，她是一個基督教徒，但她家離教堂比較遠，我就把她扶到教堂，做完這件事情後我滿開心的，也有點自豪。

第一位學生分享自己的情緒故事，她在助人行為中體驗到自豪。

韓老師：為自己感到自豪。

學生 1：對。

韓老師：為什麼做了這件事情你感到自豪呢？

學生 1：因為做了好事。

韓老師：做了好事、幫助別人，能讓我們自己獲得自豪感，孩子們，為我們的這位同學鼓掌。助人能讓我們增加自己的自豪感，自豪讓我們的情緒更加地積極、正向。

老師一開始就提醒同學們，今天誰表達得越多，收穫就越多，成長也就越多。

具體分享共 5 次機會，下一個機會看誰能把握住？

學生 2：小時候，爸爸媽媽帶我和姐姐去看海，我覺得非常開心。

韓老師：我可以把你的畫展示給同學們看看嗎？大家看看，一家人去看海。

（老師展示他的畫）

你能告訴同學們，為什麼這件事情讓你那麼快樂嗎？

第二位學生分享自己的情緒故事，爸媽帶他看海讓他體驗到快樂。

學生 2：因為當時我和姐姐犯了一些小錯誤，但爸爸媽媽還是帶我和她去看海了，我覺得非常開心。

韓老師：爸爸媽媽帶你去看海，你很開心，旅遊看風景能讓我們增加正向情緒，你還發現父母的愛也能讓自己感到開心，讓自己感到幸福。請坐下。

接下來哪個同學能把握這個分享的機會？

（一位學生舉手）

韓老師：好的。老師能展示你的畫嗎？

（學生點頭）

大家看一下，這是這位同學的 100 分（畫上畫了「100 分」）。好的，請分享一下。

學生3：考了100分，讓老師、同學還有家長都感到很自豪。

第三位學生分享自己的情緒故事，他透過自己的努力考100分體驗到自豪感。

韓老師：考100分，讓你感到自豪，家長、朋友都為你感到自豪，這個自豪感是怎麼得來的？

學生3：透過我自己的努力。

韓老師：透過你自己的努力，也就是透過勤奮讀書得到這個自豪感，可以這麼說嗎？

（學生點頭）

透過自己的勤奮、努力、用功這些行為，可以獲得自豪感，這個行為對社會和自己有貢獻，能夠增強我們的自豪感。

我發現這個組有4位同學都是得分高手，都寫了這樣的高分，讓自己感到自豪。除了發言的這位，還有3位同學，哪3位同學舉手，讓同學們看一下，請你們把手舉起來。這一位，展示一下你的作品。

（展示作品）

大家看到了嗎？95分，只錯了一個題目，他們這一組很典型，就是透過自己的勤奮取得成績，讓自己獲得自豪感。

下一位，哪位同學要爭取這個機會？這位，老師看你早就準備好了，來。

學生 4：我在二三年級的時候學會了包餃子，然後我對此很有自豪感。

韓老師：在二三年級的時候學會了包餃子。大家看一下，這個餃子漂亮不漂亮？

第四位學生分享自己的情緒故事，學會了包餃子讓她有自豪感。

學生們：漂亮。

韓老師：不僅這個餃子漂亮，這個盤子也不錯。學會了包餃子，讓你感到很自豪？

學生 4：很有自豪感、很開心。

韓老師：很有自豪感、很開心，那麼這個自豪感是怎麼得來的？

學生 4：就是自己學會包餃子了。

韓老師：透過自己動手學會某一項技能，能讓我們感覺自豪，因為感覺自己更能幹了，透過自己的努力能夠掌握更多的東西。好的，大家為我們這位女同學鼓掌，人家二三年級就會包餃子，而且還包得這麼漂亮，請坐。

接下來哪位同學？我看有好多同學都畫得很漂亮，有很多可以說。來，你來說。老師可以展示一下你的畫嗎？

學生5：可以。

（展示作品）

學生5：這是旅遊計畫。

韓老師：這是一個旅遊計畫。

學生5：放假的時候我和父母一起去旅遊，去了一個地方，然後就在地圖上把它畫出來，並拍了一些照片，做成了一個相簿。我覺得每去一個地方，就感覺這個地方有它不一樣的地方，每去一個地方之後，我就感覺很自由、很開心。

第五位學生分享自己的情緒故事，和父母一起去旅遊，拍照片並且做成相冊，從中體驗到開心、快樂。

韓老師：你用自己的腳走過美麗的風景，感覺很開心，這個計畫有沒有實施？

學生5：有的已經去過了，有些地方打算要去。

韓老師：計畫正在進行中。

學生5：放假的時候去。

韓老師：放假有機會的時候再去。旅遊讓你感到很快樂、很開心，去不同的地方體驗不同的文化、吃美食、看風景、體驗民俗，增益我們的見識。好的，請坐。

再給大家一個機會，來，你可以展示一下嗎？

學生6：可以。

韓老師：好，大家可以欣賞了。

學生6：這是我在家的一個晚上，第一次復原一個魔術方塊。

第六位學生分享自己的情緒故事，第一次復原魔術方塊讓自己感到自豪、激動。

韓老師：好，第一次復原一個魔術方塊，當時有什麼感覺？

學生6：很激動。

韓老師：很激動，這個情緒體驗是怎麼得來的呢？

學生6：我也不知道。

韓老師：沒有復原魔術方塊之前有沒有激動？

學生6：沒有。

韓老師：這個復原魔術方塊是怎麼完成的？

學生6：就這麼完成的。

韓老師：之前肯定有過多次失敗，最後自己堅持下來，堅持不懈，經常去嘗試才能完成，才這麼激動，是吧？也就是說，克服困難、突破自己，能讓我們有自豪感，是這個意思嗎？

學生6：是。

韓老師：好的，請坐下。現在我們在小組內分享，在組長的帶領下，每個人都分享，我們看哪一組分享得多，分享得好，有序地分享。

（學生們自由討論中……）

韓老師：拿著畫擺在中間。

（學生們自由討論中……）

韓老師：好，我們抓緊時間，組長要合理地安排，每個人的時間緊湊一點，讓我們每個組員都可以分享。好，還剩兩分鐘，抓緊時間。

（學生們自由討論中……）

韓老師：有沒有分享完？你們分享完了嗎？

學生們：分享完了。

韓老師：好，我看到，幾個小組都分享完了。現在我們進入下一個流程，剛才你們在分享的過程中，你們的組員用不同的方法，獲得了自己的正向情緒體驗。下面請在組長的帶領下，組員之間討論一下，我們可以用哪些方法來培養我們的正向情緒體驗？我們看哪一組方法多、方法好、又實用，現在開始。

小組討論：

哪些方法可以培養我們的正向情緒體驗。

（學生們自由討論中……）

韓老師：請各位組長把你們的辦法記下來，組長要記下來。

（學生們自由討論中……）

韓老師：只要是真實心情的流露，就是對的，沒有什麼好壞之分……停，我們現在開始分享，我看這一組早就完成了，請你們分享一下。

學生 1：當和家人去旅遊，或者是和朋友去玩、吃甜食，或者做自己喜歡的事時，我都會覺得很開心。

韓老師：就這麼多嗎？

學生 1：還有去購物，但前提是還要有錢。

韓老師：購物的前提是要有錢。

學生 1：然後看綜藝節目也會讓我很快樂。

韓老師：看綜藝節目，和家人去旅遊，和朋友去玩，去購物，能夠讓我們有正向情緒。做自己喜歡的事情，吃自己喜歡的食物，滿足我們的味覺，也能讓自己感到很開心，但購物的前提是要有錢。

第一位學生分享：旅遊、購物、吃甜食、看綜藝節目。

還有哪一組？

（不少學生舉手）

都舉手了，來，請站起來。

學生 2：吃美食，像燒烤、火鍋；睡覺；聽音樂、看電影；找朋友聊天；和父母旅遊；和朋友一起看演唱會；逛街；自己動手 DIY。

第二位學生分享：吃美食、聽音樂、看電影、跟朋友聊天、旅遊、看演唱會、逛街、DIY、去遊樂園、野餐露營等。

韓老師：自己動手 DIY。

學生 2：還有去遊樂園。

韓老師：遊樂園。

學生 2：去 KTV，去公園摘蘋果，野餐露營，打電動。

韓老師：野餐露營，還有打電動。打電動也讓我們很快樂。吃美食、睡覺，也讓我們很舒服，因為這是我們最基本的需求。同學們讀書很辛苦，每天起得很早又很晚睡，睡覺讓我們很開心。我們要適當調整時間，讓自己有足夠的睡眠。聽音樂、看電影、找朋友聊天、和父母旅遊、看演唱會、逛街、DIY 都讓我們很開心，還有去遊樂園、去 KTV 唱歌、摘水果。這組給了我們這麼多提升正向情緒的方法，當我們不開心的時候，我們就可以借助這些方法來讓自己開心，讓我們有更多的正向情緒。

來，你們這組大家都舉手了。

學生 3：旅遊、克服困難、獲得成就感。

第三位學生分享：旅遊、克服困難、獲得成就感。

韓老師：克服困難、獲得成就感，孩子們，為他們這個組鼓掌。克服困難是要有勇氣的。

學生4：透過自己的努力，獲得了某些榮譽。還有通宵打電動，再一覺睡到晚上。

韓老師：透過自己的努力獲得榮譽，也就是得到別人的認可，得到社會的認可。通宵電動也是做自己喜歡的事情，喜歡的事情也要看看對身體有沒有壞處，自身的長遠發展，我們也要考慮在內。

第四位學生分享：熬夜打電動。

學生4：前面不是還有說一覺睡到晚上嗎？

韓老師：一覺睡到晚上又補好覺了。請坐。

接下來哪一組？來，聲音大一點，讓同學們都能聽到。

第五位學生分享：沒有作業、交朋友、跟家人在一起等等。

學生5：沒有作業的時候。

韓老師：沒有作業的時候。

學生5：有的家庭是不能經常團圓的，一家團圓也滿讓人開心的。有零用錢的時候開心，交到一個新的朋友也很開心，有喜歡吃的東西，還有幫忙家長做家事之後，其實除了累了一點，真的是很開心的。還有和家人、朋友在一起很開心，可以做自己喜愛的事情。

韓老師：在這個小組裡面，我們聽到了他兩次提到跟家人在一起很開心，團圓很開心，幫家人做事也很開心，這就是我們常說的天倫之樂。跟家人在一起也能提升我們的正向情緒，讓我們高興。好的，請坐下。還有哪個組沒分享？還有這一組。聲音大一點，站起來。你個子這麼高大，老師相信你，你的聲音一定很洪亮。麥克風放在嘴邊，拿著。

學生 6：做自己喜歡做的事情，多閱讀，做一些樂於助人的事情，還有多聽音樂，多寫數學作業。這是他說的。（指向旁邊的同學）

第六位學生分享：做自己喜歡的事情、做樂於助人的事情、聽音樂、做數學作業等。

韓老師：那你呢？

學生 6：沒有英語作業。

韓老師：你呢？

學生 7：玩手機。

韓老師：可以理解。

學生 7：他對英語課老師有意見。

韓老師：他的英語一定學得很吃力，英語是他的弱項，這是他真實表達出的心情，是真誠的表達。

好，還有哪組沒分享？還有這組。

第七位學生分享：玩手機。

學生 8：好好讀書。

韓老師：好好讀書。

第八位學生分享：好好讀書。

學生 8：有些快樂是可以在學習中體驗到的。

韓老師：在學習中能夠體驗到快樂。

學生 9：參加社團活動。

韓老師：參加社團活動。

學生 9：還有堅持，堅持努力去做自己平時可能完成不了的事情。

第九位學生分享：參加社團活動、孝順長輩。

韓老師：堅持去做平時可能完成不了的事情，也就是挑戰自己、突破自己。同學們聽到了嗎？我們給這位大帥哥鼓掌。人家勇於挑戰自己，突破自己會產生正向的情緒。

學生 9：還有孝敬長輩。

韓老師：孝敬長輩這是一種——

學生 9：傳統美德。

韓老師：這個美德我們一定要有，這會讓我們更開心。

學生 10：和自己的好朋友分享自己不開心的事情，自己會獲得快樂。

第十位學生分享：聽音樂、睡覺、玩手機等。

韓老師：跟好朋友分享自己不開心的事情，也會讓自己不開心的情緒少一點。

學生 10：還有聽音樂、玩手機、睡覺。

韓老師：對，這些都是我們喜歡做的事情。好，請坐下。

剛才各個小組都總結了培養正向情緒的方法，我們為什麼要花這麼大力氣去培養正向情緒？當我們正向情緒多的時候，我們的狀態會怎麼樣？事半功倍，願意投入，注意力會非常集中。剛才那位同學說寫更多的數學題是什麼情況？他對數學有興趣，他一看到數學就開心，他願意去挑戰，那麼在這種情況下，他的解題能力會怎麼樣？

學生們：提高。

韓老師：會提高。也就是正向情緒能夠讓我們的思維變得更加敏捷，讓我們的行動更加快，讓我們更加願意去做這件事情。

今天大家跟老師一起來上了正向情緒培養課，你有什麼收穫呢？

最後老師進行總結，說明正向情緒的好處。

學生 1：感覺我知道以後怎麼讓自己變得更快樂一點。

韓老師：變得更快樂一點。你呢？我看你笑得這麼開心，有什麼收穫呢？

學生 2：還沒想好，就是學會了面對一些情況，可以透過這些方式來放鬆自己。

韓老師：來放鬆自己，培養自己的正向情緒。這位同學可以代表我們班上在場的大部分同學的心聲，給他鼓掌。有些同學想說，就是不善於表達，還沒有完全放開來，但是我知道，我們會同意他的說法。請大家站起來圍成一個圈，回到我們一開始的位置。把筆放在你們後面的椅子上，把紙疊起來放到你們的口袋裡，你們可以把它帶走。

請大家伸出手來，給在場所有的同學鼓掌。感謝我們的同學陪伴我們成長，跟我們一起上了這堂正向情緒培養課，尤其是感謝你最想為他鼓掌的那個人。

四、課後點評

1 優點

(1) 老師心態的變化

我們一起來看看韓老師的這堂課。這堂課剛開始，韓老師說，「我們這堂課與以往不一樣，全力參與、積極投入、積極分享，相信同學們今天一定能夠有很多的收穫」。各位發現變化了嗎？「相信同學們今天一定能夠有很多的收穫」，這種說法已經從根本上發生了變化，這是我們懷抱著美好的願望，它不是要求同學們一定要有收穫。這是令人讚嘆的。「我看很多同學都畫得很好、很漂亮」，你看，這就是有美好的期待了。這話聽起來多美。

(2)銜接恰當，切入知識點

在課堂上，韓老師說請大家看螢幕並一起來讀出來，韓老師剛才表達的就是正向情緒，這些都是我們平時的情緒。韓老師說情緒沒有好壞之分。這些內容其實就是切入了知識點，這個部分也是很好的。

(3)老師要學會真正放下

韓老師說了一句話「我發現同學們真的有很多話可以說」，這句話是有點下意識的。這種下意識的背後是什麼呢？我為什麼說這句話很值得琢磨呢？因為這種下意識的背後，其實是一個巨大的轉變。

因為你的潛意識裡，或者你的行為上習慣了 —— 我不講，讓學生講。所以從這時候開始，這種下意識的表達，就象徵著你的內心對於課堂氣氛、學生跟你的關係已經發生了改變，你產生一種新的認知了。所以接下來有幾分鐘的時間，你一句話都沒說的可能性就出現了。

在接下來的課堂上，就有幾分鐘的時間韓老師沒說一句話，原因在哪裡？跟這句話是有關係的，因為你不說他們也能說。有了這樣的一種認知，其實你已經放鬆了。你真的把自己放下了，這個時候你真正相信你的學生、相信你的課堂，課堂就自動掌握在你的手上。類似於你相信你的土地，只要努力耕耘，土地就會回報你。

「好，下一位，還有哪一位？」這是比較中性的語言。「這一位我看你準備好了」，請注意，學生就「被」準備好了。這個和「你一定準備好了」就不一樣了，甚至老師就有點「卑微」了，我用這個詞是什麼意思呢？分享是老師要的，韓老師有點耍賴皮，就是要那位同學分享。但是這種「耍賴」的背後，其實是老師已經把自己放下了，沒有「我」了。當老師可以跟學生平等，甚至比學生還低時，老師就沒有那麼「大」了，這時候你真的就是為人師者了。因此我們把它記住，這是特別美妙的。

在小組內分享的這幾分鐘裡，韓老師沒有公開說一句話，請注意看就這三四分鐘的時間，帶領者沒有公開說一句話，而是到各個小組裡面去觀察，然後帶領者站起來說的第一句話就是「我觀察每個小組」，就是你真正地在觀察你的課堂。這個時候你才是課堂的老師，而不是一直講個不停。在家庭關係裡，看起來是主導和控制的人，實際上也被另一個不出聲的人影響著。那些一直說個不停的人實際上是弱勢的一方。所以這裡面很有意思，當你放下來的時候，你其實就已經掌握到了。

(4)技巧設計「多彈頭」

今天的技巧設計是「多彈頭」的，「多彈頭」是什麼意思？以前的課程設計，你是拿著氣槍瞄準一個目標，學生一躲你沒打中，然後你就回去了。今天的課堂不一樣，老師拿了「多彈頭」的槍，它的特點是一下就能「嘣嘣嘣」射出好幾發子彈。回到課堂，如果你只設計一個驕傲的正向情緒，就會比較難搞。因為技巧不精良，所以你必須拿「多彈頭」的槍，今天才能有收穫。

一位女同學幫助老人，為自己感到自豪。在分享的時候，我害怕韓老師突然說「對呀，助人是快樂的吧？幫助別人是一種美德吧？」這種話。還好在課堂上韓老師沒說那麼多，剛剛好。這種心理課最怕的就是變成說教課，學生會覺得你在告訴他什麼。你知道學生為什麼一聽感恩就煩，一聽德行教育就煩，一說教就煩嗎？因為他知道你要說什麼，聽多了就容易感到厭煩。我們在心理課上千萬不能有這樣的跡象。真正的人文核心是什麼？是愛！愛就是真實的、自由的，不是有技巧的，它也不是安排好的。因此這個時候我有點擔心，但是所幸，我的擔心是多餘的。

今天讓大家看什麼，就會有什麼。有的人說助人，幫助老奶奶；有的人說看海；有的人說看影集等。如果你只是專注處理一種方式，就比較難實施。我們用的技巧不再是鎖定一個方式了，這是一個好的開始。

(5)老師自己上得去又下得來

帶領者韓老師問正向情緒是什麼？韓老師問同學們今天有什麼收穫？當她發現這位同學不分享了，那兩位同學沒收穫時便說，「沒有，不知道是吧？」「其實這位同學講的也能代表其他同學的意見了」。當自己上不去了，便自己找臺階下來，這個很了不起！

為什麼這麼說呢？過去不是自己找臺階下來的，而是讓別人把自己背下來。我為你們上課，我上去了下不來，你就要把我背下來。背下來就是老師跟學生說，怎麼可能沒有？其實這是沒有被允許的。帶領者遇到這種情況，自己再慢慢地下來，這個已經比幽默高了一個層次了。

如果我們能夠自己上得去也能下得來，那就很了不起了。很多人因為怕下不來，就不敢上，或者一直在上面，不下來。現在韓老師是自己上去，自己又搭梯子下來了，如「只是有些同學沒有表達或者不善於表達」，這不就自己下來了嗎？這不算丟臉。輸得起，才會贏得多；蹲得低，才能跳得高。

(6)帶領者學會了接納

當有學生說到自己熬夜打電動，有學生說不想有作業，還有的說對英語老師有意見等時，我們看到了身為帶領者的韓老師身上的人格魅力。韓老師沒有進行干預，也沒有澄清，她允許這種言論的出現。這要是在過去，學生這樣的言論一定是不被允許的。但韓老師允許了這種帶有敵對色彩的話語出現，這也有它的積極的暗號，為什麼這樣說呢？代表這堂課是放鬆的。當這堂課是放鬆的時候，才會是真實的。誰家的小孩更活潑調皮，往往代表誰家裡的環境更自由、更人性化。我們的課堂也是一樣的，如果我們的孩子可以在這裡暢所欲言，說明這個環境是放鬆的，所以它有正向的一面。但是對於錯誤的思想和行為，老師要有積極的導向，這點韓老師也有做到，她告訴學生們要有長遠的考慮，不要通宵玩遊戲。

(7) 帶領者的價值觀貫穿於整個課程

帶領者韓老師說的「接下來哪位同學把握機會？」這句話非常好。有學生就舉手了。第三位主動舉手的學生分享自己考了 100 分，韓老師說「讓我感到自豪」，就是重複學生的話，「讓我感覺到自豪」。透過自己的努力取得好成績，所以獲得自豪感。這裡我又有這樣的一種擔心，擔心什麼呢？難道講到讀書才會獲得正向情緒，不讀書就不能獲得正向情緒嗎？我們不能無限上綱，不能見杆就爬，不能動不動就站在道德高點，因為這樣就變成說教了。所以這是很微妙的。但是慶幸韓老師沒有，她到這裡又收住了，這是非常好的表現。

在課堂中間出現了前所未有的局面：所有人都舉手了。當時有個小組所有成員都在舉手，熱情度也高了起來。大家的熱情被激發了，投入其中了，「場域」的溫度就在升高。 因此一堂好的課它要有高潮的點。

2 加強的地方

(1)技巧使用上的加強

在使用「百花開」的技巧時，韓老師問有幾朵紅花，這個組要有男生也要有女生。這個時候已經有技巧上的加強，但是還可以進一步深入。因為一個技巧好不好，主要在於你是否能很好地使用它。比如，先了解今天我們這個班裡有多少女生，有多少男生，我再看有幾朵紅花，有幾朵綠葉，紅花與綠葉這樣的搭配就更好一點。我舉這個例子並不是說韓老師做得不好，而是可以繼續強化，技巧的強化是無窮無盡的。

(2)說明事實並讓學生去表達

韓老師說「我來請問一下組長，你有什麼話要說？」第一個人說「很榮幸當組長」，第二個人說「我是被逼的」，第三個人說「謝謝大家的信任」，第四個人說「很開心」，第五個人暫時沒什麼要說。其實這裡值得我們思考，還要進一步往正向心理學的方向走去。

韓老師在帶領的時候就說過那句話「相信同學們今天一定能夠有收穫」，這個是積極思維。在學生當選為組長的時候，要帶動他的積極思維，帶領者可以說：「各位組長，也許你們是願意，也許是不願意，但是你卻被選為了組長。在被選為組長之後，你想對你的組員說些什麼？你不願意去做組長，現在也是組長了，對吧？」

你跟學生去說明這個事實，讓他來表達，他可能就有感想了。老師有時候是需要「踩線」的，如果韓老師對於學生完全民主，學生說什麼就是什麼，那樣也是不行的。對學生沒有約束力，他不遵守規則，這樣的學生容易做出一些負面事情。

(3)體驗前要做好鋪墊

韓老師在問到同學們關於情緒的故事時，就直接發了紙筆，帶領同學們將發生在他們身上的與正向情緒有關的故事畫出來。我的觀點是體驗前一定要做好鋪墊，先清除所有障礙。為什麼我這樣講呢？因為前面韓老師把紙筆發下去之後，還是有一點太匆忙，沒有鋪墊。韓老師這裡已經做得很好了，但可以再更好一點，在哪裡呢？先跟同學們一起討論，清除所有的障礙。

在現實生活中，我們有很多的行為是可以產生正向情緒的。比如說當我們運動之後，身體的這種緊張藉由運動得到放鬆，就會產生放鬆感；當我們完成了一件事情，就會產生滿足感、滿意感。我們來想一下，在現實生活中，我們從生下來到現在，有沒有特別讓你滿意的？讓你驕傲的？就這樣，再仔細一點、再慢一點，進行鋪墊，不然學生可能就會一頭霧水。

使用繪畫技巧還有一個難題，即學生的心理難題。因為我過去有利用繪畫技巧的經驗，我發現學生會有種心理上的擔心，如「我不會畫，我畫不好」等，所以遲遲不拿畫筆，總在看別人的。雖然帶領者在後面跟學生說了不用擔心繪畫的問題，但其實這個話應該放在導語中的，如「其實我說畫畫，並不是在考試，只是讓你把心裡的這個故事畫出來。如果不會畫頭，就畫圓圈；不會畫腿，畫條線就好了」。學生畫出來，自己知道、明白就好了。這樣就清除了他可能在心理上和實作上遇到的困難。

同時要設立一些規定，每個人畫自己的，不允許跟別人交流。他不跟別人交流，就會投入，就會想自己的事。這個設置是可以更仔細的部分。有時候更仔細，效果就不一樣了。

(4)說明積極行為與非積極行為

帶領者說用哪些方法培養我們的正向情緒，這個部分需要加強。做一些正向行為，而不是說是哪些方法，帶領者需要將方法改成正向行為。因為剛開始沒有抓住機會說正向行為，所以才導致後來有學生說「我不想來學校，我打一夜電動，白天睡一天覺」。正向行為會產生正向情緒。老師沒有在這上面先進行引導，就造成了這樣的結果。

此時需要說明的是，哪些是正向行為？正向行為和非正向行為的不同是什麼？比如通宵打電動不來學校，通宵打電動可能會暈倒、影響身體健康。這會是正向情緒嗎？這一定不是的。我們可以講哪些行為是非正向行為，如酗酒、賭博等。

3 思考的問題

(1) 身為一名心理健康老師，在帶領心理課的時候，語言風格需要如何調整？

面向不同年齡層的老師，其語言風格是不同的，如小學老師、國中老師和幼稚園老師的語言風格就是不同的。面對不同年齡階段的學生，我們需要了解他們這個階段的心理特點、他們的人格特點，進而採用不同的語言風格。

現在我就發現，有些老師總是在講話，而不是說話。說話和講話是不同的。說話會讓人感覺比較親近，但是講話就不能讓人有親近感。你假裝跟別人很親近，但是你的講話風格實際上是沒有親近感的。

(2) 藝術創作為什麼會更容易切入主題內容？

藝術創作如繪畫、舞蹈、詩歌、心理劇、講故事等形式為什麼容易切入呢？因為它不是在認知層面切入，它避開了你原來的經驗和邏輯認知。這就好比你被隔離，你想要從大門出去，但有保全看著，此時保全很清醒，他就不會讓你出去。如果採用藝術創作，保全容易被吸引而分神，你就可以偷偷溜出去。因此藝術作品就比較容易切入。

(3)分享時需要注意的事項

當這堂課大家都舉手想要分享的時候，你要如何選擇？你找哪位學生進行分享呢？當他們說出來的話和你想要的不一致時，你該怎麼辦？當他們分享出不恰當的價值觀念，你如何去說明和矯正？當他們不分享的時候，你又如何去讓他們分享？前面你把他們描述成都想分享，但是他們真的不分享怎麼辦？比如老師期待了大半天，結果他們說了一個笑話，把這個「場域」全部破壞掉了，那怎麼辦？因此在學生分享的時候，老師需要注意的東西太多了。

(4)在課堂中如何進行反向學習

在課堂上，有位學生說他考了滿分，這個時候讓他說一下其他的經歷和經驗會更好。什麼意思呢？就是韓老師關注完他的成績之後說：「讀書只是我們人類社會的一種行為，有好多的積極、正向行為可以產生正向情緒，就像剛才我們有同學說他去旅遊了，他去助人了。」這個時候其實還需要老師進行教育和引領。他們小組四個人寫的都是高分，這四個人都是學生，這其實是一個機會。表面上看是他們考了高分，很驕傲，實際上老師可以借此引導：除了讀書，還有很多行為可以產生自豪感。老師要把這種機會為己所用，這個很值得去推敲。

4 觀察者、體驗者與帶領者的不同

不同的老師進行同樣的上課內容，感受也會有所不同。外行看熱鬧，內行看門道。每個老師的價值觀、教學風格、理論結構、人格特質都是不一樣的，所以他們上課的方式也會不同。我們坐在下面觀察老師，其實也是在考驗我們。

觀察者、體驗者和帶領者這三個身分都不好當。其實這些年，我一直在用這三個身分去指導每一位講課的老師。

首先，你是一個體驗者。體驗者就是參與者，你能不能全身心地投入進去，這就是我們說的「你要進得去」。很多時候我們可能沒有完全把自己交出來，去參與、去體驗。我身為老師，上課也有好多年了，而且我上課基本都是體驗課，都是成長性的心理課。體驗者要把自己交出來，這需要強大的人格和心理素質，不然很難全身心地投入其中，你的防禦系統使你很難進得去。

其次，擔任一個帶領者也很難。我們看到楊老師和韓老師她們兩個人在帶領當中，可以說是非常不容易。據說韓老師這堂課是中午臨時設計的課，之前的被完全推翻了。這就是我們在示範課程中產生的一個變化，帶領者要隨時準備迎接這種變化。

最後，擔任一個觀察者其實也不簡單。第一步，你要把老師說過的話和課堂上發生的現象全部記錄下來。第二步，你要有選擇，是不是只選擇你自己喜歡的呢？只選擇跟你匹配的呢？如果你只是覺得這個內容和我匹配，我就記下，和我不匹配，我就不記，這就不是一個好的觀察者。好的觀察者應該是：我看到有價值的內容就把它記下來，我發現了值得探討的內容也把它記下來，我發現了一些我不明白的也會把它記下來。我的學生跟我學習，他們記筆記，往往會記看到了什麼、哪些東西是要討論的、還存在什麼問題等。因此，身為一名觀察者，你需要做三個面向的工作：第一，全面觀察；第二，要有選擇的能力；第三，透過合適的方式表達自己的想法。

5 老師備課過程

（以下是帶領者韓老師的小結實錄）

剛才韋老師提到我的課是臨時設計的，這裡就跟大家簡單介紹一下情況。我聽了韋老師這幾次的課堂點評之後，發現自己對於正向情緒的理解有點偏差，我就把之前準備的上課內容與韋老師討論了一下。我本來是準備關於「小道消息」的課程，韋老師一聽，就提醒我說：小道消息的技巧是關於人際關係的，你怎麼用在正向情緒的培養上了？我一聽當時都崩潰了，下午就準備上課了，上午才得知這個上課內容不行，所以一切都要推翻重來。

中午我就跟楊老師一起討論下午的課要怎麼上。我跟楊老師說：「韋老師的正向心理技巧課，我一點也沒聽。現在上課的內容，都是根據自己的理解準備的。現在我打算做正向情緒培養的主題，你看這堂課中有哪些技巧可以用？」楊老師告訴我哪些技巧可以用，哪些技巧不可以用。就這樣，我利用中午的時間跟楊老師討論，才把一堂課的大綱準備好。

下午上課的時候，我是抱著「豁出去」的心態去上課的。所以今天的授課主要是跟著感覺走。以前授課的時候我會有很多限制，也會擔心、害怕。如果學生回答不上來，我會覺得尷尬，覺得這個「場域」好像會冷下來，可是我不想讓它冷下來。韋老師點評說，要允許學生回答不上來的情況出現，於是當一個學生回答不出來的時候，我就覺得他是沒想好，我就允許他不回答，再找下一個學生。

第五節
班會 5：播下積極種子，收穫滿意人生

一、背景介紹

1 滿意與自我滿意度

根據正向心理學家的研究，滿意是正向情緒的一種，與平靜、靜謐這樣低喚醒狀態的情緒相似，在某種程度上，等同於放鬆。滿意通常在安全、有高度的確定性而不用太競爭的情境中產生。滿意可以促使個體體會當前的生活狀況，回味最近的成就，與他人及周圍的世界分享「獨有的價值」，把近期的事情和成就納入整個自我的概念和世界觀中，且這種情緒有助於提高創造力和開闊眼界。

自我滿意度是指個體在與自身關係非常密切的領域內所感知到的幸福程度，如個體的人際關係——友誼、家庭等方面的體驗，還有個體的主要任務如對受教育、工作等方面的認知體驗，這些是影響個體滿意度最重要的方面。

2 關於自我滿意度的相關研究

自我滿意度的研究主要有兩個領域。其一是關於自我滿意度成分與屬性的界定。自我滿意度涉及主觀幸福感的認知方面，包括與自我密切相關的各個領域內的滿意度，如身體滿意度、生活滿意度、工作滿意度等。其二涉及影響自我滿意度的條件，包括兩個方面，即尋找自我滿意度的預測因素和自我滿意度的影響因素。

(1) 自我滿意度與主觀幸福感的研究

主觀幸福感是個體按照自己制定的內在標準對自身生活品質所做的整體感知、評價和體驗。主觀幸福感由生活滿意度和情感體驗兩部分構成，其中生活滿意度是指個體對生活品質的認知評價，即從整體上判斷自己對生活的滿意程度；情感體驗是指個體在生活中對正向情感（快樂、自在等）和消極情感（絕望、難過、悲傷等）的體驗。

研究發現，自我滿意度與主觀幸福感有一定的關係。當個體對自我越滿意，其主觀幸福感就越強。研究者對大、中學生的幸福感進行研究，學者採用了總體幸福感量表和艾森克人格問卷，結果顯示，外向型學生的主觀幸福感得分要顯著高於內向型學生的得分，即外向型的人的自我滿意感更好。有研究指出大學生主觀幸福感與人格特徵的關係，結果表明，外向型學生能體會到更多的積極、正向情感，自我滿意感更高，幸福感更強，反之消極情緒偏多，對自我更容易感到不滿意，幸福感低。

(2) 自我滿意度與自我認知的研究

研究發現，人的情緒會受到個體認知的影響，不同的認知方式會影響人的自我滿意度。個體對自我感覺越滿意，就更傾向於採用樂觀的方式解釋生活事件，更容易體驗到正向情緒，並採取積極的態度面對生活事件。而個體對自我感覺越不滿意，就越容易體驗到負面和消極的情緒，在應對生活事件時傾向於採用消極的方式。人們對自己沒有信心，感受不到自己的價值，認為自己沒有能力去完成任務，這樣的想法使人獲得更少的幸福感，他們對自我是不滿意的。

(3) 自我滿意度與人口學數據的研究

研究發現，人口學數據與個體的自我滿意度有很大的相關性。喬治等人以年齡大於 50 歲的人為樣本進行研究，統計到的人口學變數如性別、年齡、教育、身體狀態、婚姻狀況、員工地位和職業地位等解釋了 6%的正性情感的變異。後來，伊登在人口學數據的研究中加入社會經濟地位，還將測謊量表、主觀健康、角色喪失、外傾性、神經質、自我概念、社會自我作為預測正性情感、生活滿意度與負性情感的指標。

在很多測量自我滿意度的因素中，人口統計學基本上解釋了不到 3%的變異，但是一些人口學數據是可以預測滿意度的。邁爾斯的橫斷調查結果表明，已婚的人比單身的人幸福，其中單身的人包括離異、分居與從未結婚的人，即婚姻狀況與幸福程度之間存在相關性。兒童在完整家庭中與在單親家庭中的滿意度也是不同的。

(4)自我滿意度與自尊的關係

個體的自尊程度與自身的情緒有直接關係。個體自尊程度高，就會感覺到正向情緒，對自我更滿意。在研究中，研究者認為自我滿意是對自我的正性評價，它與自尊程度是成正相關的。自尊程度越高的個體，他的自我滿意度也就越高，正性情緒就越多。自我滿意度與負性情緒有顯著的負相關性，個體的自我滿意度越高，負性情緒也就越少。

二、課堂目標

世界上沒有兩片完全相同的樹葉，就像沒有完全相同的兩個人。每個人都有自己的價值，但在現實中有些人看不到自己的價值，他們對自己不滿意，不相信自己，遇到事情畏縮不前，在壓力面前束手無策，經常受到緊張、恐懼等情緒的干擾，影響自己的知識與技能的發揮。本課程的目的在於透過活動讓學生們感受到滿意這種正向情緒，從而使其獲得自信、支持與溫暖，讓學生們更有力量去應對壓力與消極事件。

三、課堂實錄

楊老師：大家好，我姓楊，你們可以叫我楊老師。

學生們：楊老師好。

楊老師進行自我介紹。

楊老師：今天上這堂心理課開心嗎？

學生們：開心。

楊老師：為什麼開心呢？

學生們：可以學習心理學知識。

楊老師：好，我們一起來看大螢幕（螢幕顯示內容），「我對自己很滿意，高中學生的正向情緒培養」。請同學們跟我一起讀。

學生們：我對自己很滿意——高中學生的正向情緒培養。

楊老師：好，同學們做得非常好。接下來我們一起來做一個活動。這個活動的名稱叫作「雨點變奏曲」。現在請全體起立，伸出雙手，手背敲手背，用一隻手的食指與中指敲另一隻手的手掌，接著雙手用力鼓掌，再來跺跺腳……

★暖場活動 —— 雨點變奏曲。

首先老師引領學生發出四種聲音，其次說明規則，這四種聲音分別代表小雨、中雨、大雨和暴雨。最後老師說出一段話，學生聽到相應的詞做出相應的動作。

作用：

帶動學生情緒，激發學生興趣，活躍課堂氣氛。

楊老師：大家現在想像一下，我們發出的聲音和下雨聲有沒有許多相似的地方？當大家聽到我說小雨，就用手背敲手背；聽到我說中雨，就用一隻手的食指與中指敲另一隻手的手掌；聽到我說大雨，就大力鼓掌；聽到我說暴雨，就跺腳、鼓掌。現在我說一段話，大家根據我說的這段話來做相應的動作。我們一起用聲音來描繪《雨點變奏曲》。大家注意聽我說：天空灰濛濛的，開始下小雨，漸漸地，小雨變成中雨，中雨變成大雨，大雨又變成暴雨，暴雨又變成大雨，大雨變成中雨，又漸漸變成小雨。慢慢地，雨停了……最後雨過天晴。

（學生們做動作中……）

現在我們變化一下，我不說那麼長的話了，改用數字來代替。1 代表小雨，2 代表中雨，3 代表大雨，4 代表暴雨，我現在報數字，大家做出動作，發出聲音，聽懂了嗎？來，1、2、3、4，4、3、2、1……

（學生們做動作中……）

同學們，在這個過程中你們有什麼樣的體會啊？

學生 1：刺激。

學生分享自己的感受與體會。

楊老師：刺激給你帶來什麼情緒？

學生 1：開心。

楊老師：好的，你呢？

學生 2：愉悅。

楊老師：刺激能給自己帶來愉悅，也能給自己帶來滿意的情緒體驗。

學生 3：我很快樂，我很開心。

楊老師：難以言喻，聲音都顫抖了，很好。好，那你的感受呢？

學生 4：也很快樂。

楊老師：好的，你呢？

學生 5：很快樂。

楊老師：也很快樂。

學生 6：滿好玩的。

楊老師：好的。我們剛才說到滿意、刺激、好玩，現在大家看到了，在團隊參與的過程中，我們會享受到更多的快樂、更多的體驗。這個過程就是你的積極體驗，包括滿意。剛才我們玩了「雨點變奏曲」的遊戲，大家是不是覺得很滿意？

學生們：很滿意。

楊老師：這是對過去的事情很滿意，現在大家對這個「場域」很滿意，在這個課堂上，你全身心投入，跟大家在一起很享受，你就會覺得很快樂，對不對？

學生們：是的。

楊老師：這是現在，還會有未來，對未來的事情全情投入、抱有希望、抱有期待，你就會勇敢地去嘗試，這時候也會對自己感到滿意。所以今天我們的心理健康課，你一定要讓自己有一種滿意的感覺。這個滿意是不是說，成功了才會滿意，不成功就不滿意？

學生們：不是。

楊老師：為什麼？

學生 1：因為我們更享受的是這個過程。

楊老師：掌聲送給她，說得太好了。就是在這個過程中，我可能達到了自己的目標，我成功了，很開心。但是如果因為各種原因，有可能是客觀原因，也有可能是主觀原因，我最終沒有成功，但只要我享受了這個過程，我不後悔自己的付出，我的內心是不是也會有一種滿意的感覺呢？

（學生們點頭）

好，接下來我們進行分組。我們班上共有 56 個同學，我將會把你們分為 7 個組，選 7 個同學擔任組長。現在請想當組長的同學到前面來，你們要自告奮勇，不要給自己留遺憾，讓自己有一種滿意的情緒。我喊 1、2、3，請想當組長的同學趕快跑到前面，這個位置只有 7 個名額。

（8 個學生跑到了前面……）

好，太棒了，掌聲送給他們。多出了一個同學，（一個學生要離開）這位同學主動退出了，來，你別走，掌聲先給他。我們訪問一下，為什麼你會退出呢？

學生 1：因為我退出的話，他們可能能更好地繼續。

楊老師：你把更好的機會讓給了別人，讓給了其他同學，對吧？

學生 1：對。

楊老師：真的太好了，這是一位非常大氣的同學，來，掌聲送給他。

（該學生離開）

將全班學生進行分組，便於接下來的活動。

來，你們（7 個組長）站到這裡（教室前面），站成一排，面朝大家。大家看這幾位同學，他們高低不一樣，男生很帥氣，女生很美麗。如果你想選誰當你的組長，就站在他的身後。每個小組共 8 個成員，除了組長，還需要 7 個組員。大家在選擇的時候，不要商量，不要相互打量，自己在心中默默做決定就好。還有一個要求就是每組必須有男生和女生，不能是清一色的男生或女生。同學們，現在你們在心裡想好要選擇的人了嗎？

學生們：想好了。

楊老師：一定要想好喔，如果一個組中沒有男生或女生的話，我就要重新挑選。你們組長也可以挑選，比如說你們組都是男生，組長就要趕快挑女生；組裡都是女生，就要趕快挑男生，知道嗎？因為我們要比賽。現在組長背對同學，面向講臺。我喊 1、2、3，小組成員就站在組長背後。好，1、2、3，開始。

老師對學生的分組進行指導

（學生們選組長中……）

我看大家站好了沒有，我來為大家編個號，這邊是第一組，你（組長）把手舉起來，面向你的組員，你看一下人數夠不夠。如果不夠，你要趕快去找人。

你們是第二組，你們是第三組，你們是第四組，你們是第五組，你們是第六組，你們是第七組。我給大家 2 分鐘時間，趕快把你們的成員分配好，好了之後組長示意我。2 分鐘之內啊，如果小組都沒有分配成功，接下來的活動就很難進行。

（組長們分配成員中……）

楊老師：(1 分鐘後)你們組好小組了嗎？

學生們：好了。

楊老師：我看到已經有三個組完成了，剩下的小組行動要快一點，把握時間，還有最後 1 分鐘。

學生 1：我們有太多女生了。

楊老師：你們去換一換，去跟他們換一換，快點。

學生 1：換個女生。

學生 1：我們好了。

楊老師：好了是吧？有男生、有女生是吧？好，你們找個角落去坐下來。

學生 2：老師，我們也好了。

楊老師：這個小組的組長呢？趕快調整啊！已經組好隊的同學圍成一個圈，在組長的帶領下圍成一個圈坐下來。

好了，第一組在哪裡？那是第一組。第二組在哪裡？第二組。第三組在哪裡？第三組在那邊。第四組？第四組在這邊。第五組、第六組、第七組。組長們，再看一下你們的組員，按照我的要求，第一，每組 8 個人，第二，要有男有女，做到了嗎？

學生們：做到了。

老師派任務。

楊老師：大家都組隊成功了，也圍坐成圓圈了。接下來我要派任務。大家看一下，我們剛才做了「雨點變奏曲」的活動，接下來，在 5 分鐘之內，組長帶著你們的組員要完成一個任務，任務是什麼？就是「雨點變奏曲再變」。第一是要再變，剛才我們是小雨變中雨再變大雨這樣變的（演示之前的動作），但是現在要求你們要有創新；第二是男女生要有身體上的碰撞或者接觸，有可能是拍男生的腿或拍女生的手臂，你們自己要想辦法。

學生 3：這邊差一個，那邊多一個。

楊老師：你們差一個是吧？差一個女生嗎？

學生 3：嗯。

楊老師：去掉一個女生，那邊少一個。快點，你去。

（指向一個女生）

學生 4：她是組長。

楊老師：你是組長？把組長都趕跑了。好，這位同學你去那邊（老師換了一個女生），帶著椅子過去。我給大家時間，大家在組長的帶領之下，開始創造，給你們 5 分鐘，計時開始。

學生 5：我們女生有點少。

楊老師:你們女生有點少？組長去協調，組長呢？對呀，你去協調，去換個女生，找個男生換，你先拉個男生過去。

學生 5：去別的組換一個女生？

楊老師：對，你拉一個。

（學生沒行動）

不能不行動，你去拉一個。快點，時間很有限，把握時間。

學生 6：看我們這裡，這裡有同學。

韓老師：現在小組成員確定了，大家一起做「雨點變奏曲再變」。

學生 7：就這麼簡單？

各組學生一起創新地去做「雨點變奏曲再變」。

學生 8：有點難度。

楊老師：對，要有難度，要有創新，男生和女生要有身體上的接觸，知道吧？

學生 9：要有創新嗎？

楊老師：對，當然要有創新，一定要有創新！

學生 10：我們可以一起嗎？就暴雨和中雨可以一起嗎？

楊老師：可以，就是要有創新。要有男生和女生的身體接觸，你就一個男生啊？

學生 10：嗯。

楊老師：這麼寶貴，真寶貴。

學生 10：拉個男生過來。

楊老師:你去，組長快去，再拉個男生過來。趕快過去，他們也正好有這種想法。好，開始。那邊好激動，你們要把握時間。

我們還要評選，評選哪一組最好，快點。

（學生們開始活動中 ……）

楊老師：要有男生和女生的互動，男生和男生不行。快點，要有創新！

（學生們繼續活動中……）

楊老師：你們這組沒有男生和女生的身體接觸啊？

（指向一個組）

學生 1：接觸了。剛剛打他的腿了。

楊老師：你打他的腿了嗎？

學生 1：對啊。

楊老師：沒看到你打他的腿。

學生 1：等一下，中雨。

老師觀看每組的「雨點變奏曲再變」的練習情況。

楊老師：他們中間呢？

學生 1：互打中雨。

楊老師：好，再練習練習。

楊老師：(指向另一個組) 你們把男生和女生岔開坐，這樣不就好了嗎？你 (男生) 過來，到這來，你 (女生) 過去，這樣不就岔開了嗎？把你們男生岔開，女生岔開。你跟她換個位置。

學生 2：沒有沒有，那裡已經換好了。

楊老師：已經好了是吧？

學生 2：是的。

楊老師：你們是怎麼坐的？

學生 2：是這樣子。

楊老師：好，我看看，滿好的。不一定局限於坐著，也可以站著。

學生 2：要有創新。

楊老師：對。同學們抓緊時間，都已經有完成的了，快點，還有 2 分鐘，很棒，繼續加油！把握時間，他們已經快好了。怎麼樣，好了吧？

學生 3：還沒好。

楊老師：快點，有什麼問題嗎？先從簡單的開始。

學生 3：他只讓我們跺腳。

楊老師：組長趕快幫他們解決這個矛盾，可以簡單一點，趕快。

學生 3：老師，可不可以就是先弄一部分，然後下一步再弄整體？

楊老師：你們向組長建議，創新嘛！

（面向所有同學）

好的，各位同學，時間到，請大家安靜下來。下面我們來看一看各組展示的情況。哪一組願意第一個來展示？展示完以後我們進行評選，評選哪一組是最佳表演獎、最佳創新獎。哪一組願意？好，這一組。你們是到前面來還是就在原位？

學生 1：就在這裡（原位）。

楊老師：好，就在這裡。你們是第幾組？

學生 1：第六組。

楊老師：好，各位安靜。噓，我們來看第六組的表演。你們開始！

第六組學生進行表演。

（第六組學生表演：小組成員坐著齊聲跺腳三下，齊聲用手拍大腿三下；然後開始互動，第一個同學跺腳三下，雙手放胸前鼓掌一下，與旁邊的第二個同學手掌對拍兩下，其餘同學仍是齊聲跺腳，齊聲用手拍大腿；第一個同學和第二個同學互動完成後，第二個同學和第三個同學開始互動。依次類推，直到小組相鄰的同學都有了互動，最後全體齊聲跺腳十下，齊聲鼓掌十下，結束。）

楊老師：掌聲給他們，太棒了。你們組員也要互相慶賀一下，太棒了！（組員們相互擊掌）我們聽到了第六組的聲音，這個聲音特別連貫，也特別好聽，大家齊心合力，很棒。首先要表揚第六組，他們是第一個勇於嘗試的，而且做得非常好。

接下來哪一組願意表演？好，你們是第幾組？

學生2：第一組。

楊老師：好，第一組勇於表現，要動座位嗎？不動，好，掌聲送給他們。準備。

第一組學生進行表演。

（第一組學生表演：坐著齊聲跺腳十下，齊聲用手拍大腿十下；然後相互拍相鄰座位的同學大腿一下，跺腳鼓掌結束。）

楊老師：按照我的要求，第一個是要有聲音的連貫，聲音特別好聽，第二個是要有男女生的身體接觸，他們做得非常好。好的，也同樣把掌聲送給第一組，很棒。下面哪一組願意來表演一下？你們組？

學生 3：OK。

楊老師：OK，稍等，我喊 1、2、3，你們開始。對了，你們是第幾組？

學生 3：第五組。

楊老師：請看第五組的表演。1、2、3，開始。

第五組學生進行表演。

（第五組學生表演：整個過程都在小幅度跺腳，雙手放在胸前鼓掌兩下，拍大腿兩下；然後拍左邊同學的大腿兩下，拍右邊同學的大腿兩下；最後全組同學跳起來，與不相鄰的同學互擊手掌。）

結束了是吧？

學生 4：亂了。

學生 5：再來一遍。

楊老師：要再來一遍嗎？

學生 5：等一下。

楊老師：等一下再來一遍是吧？

學生 5：我們休息一下。

楊老師：好，這是第五組，他們的創新也非常好，還有跳躍的動作，非常棒，掌聲送給他們。下面哪一組來表演一下？（指向一組）你們準備好了嗎？

學生6：等一下。

楊老師：還要等一下。(走向另一組)來，這一組。你們是第幾組？

學生7：第二組。

楊老師：好，我們來看第二組。來，我邀請第二組到前面，到中間來表演。注意你們的距離。大家拭目以待。1、2、3，開始。

第二組學生進行表演。

（第二組學生表演：雙手放在胸前鼓掌兩下，雙手拍大腿兩下，重複之前的動作，並齊聲唱出「we will, we will, rock you」；唱完之後，順時針移動一個位置坐下，雙手鼓掌一下，與相鄰的同學手掌對擊一下；再鼓掌，雙掌對擊。有組員因為記錯了，站了起來。）

錯了是嗎？再來一遍嗎？我知道你們排練得很好，再來一遍，給你們機會。1、2、3，開始。

（第二組學生再次進行表演，到最後又笑場了。）

學生7：亂了。

楊老師：又笑場了，好，非常棒，他們這一組有了一個位置的變動，非常棒，掌聲送給他們。好，你們回去吧。

（指向下一組）

你們這一組好了嗎？輪到你們這組了，你們是第幾組？

學生 8：第三組。

楊老師：我們來看第三組。這個位置可以吧？

學生 8：可以。

第三組學生進行表演。

楊老師：第三組，我們來聽一聽他們的音樂怎麼樣？1、2、3，開始。

（第三組學生表演：由一個女組員負責獨唱，全組做動作，手掌越過頭頂拍擊兩下；然後緩緩地下移到腿上，雙手拍大腿兩下，跺腳兩下，與相鄰座位的人互擊手掌；雙手放胸前互擊手掌，繼續拍擊大腿，雙手慢慢上移，越過頭頂，擊掌。）

楊老師：掌聲給他們，太棒了，真的是太棒了。好，那麼是不是該你們組了？（指向下一組）該你們組了。來準備好，你們是第幾組？

學生 9：第七組。

楊老師：看一下第七組。你們的位置可以吧？

學生 9：可以。

楊老師：好，可以，1、2、3，開始。

（第七組學生表演：雙手擊掌兩下，跺腳兩下，拍擊大腿兩下，跺腳兩下，拍擊不相鄰的異性的大腿，不好意思，笑場。）

楊老師：別笑，別笑場。好，再開始。

（第七組學生再次進行表演，仍是笑場。）

楊老師：又笑場了。再試一次，開始。

第七組學生進行表演。

（第七組學生第三次進行表演，仍是笑場。）

楊老師：好的，掌聲送給他們。

楊老師：他們設計的是把大雨、小雨和中雨用數位子來代替。他們剛開始排練的時候是非常好的，只是後來在過程中的轉換比較複雜，就有了延遲。好的，也算是給大家一個解釋。

楊老師：好，第四組是最後一組了，相信你們是可以的。來，我們拭目以待。準備好了沒有？

學生 10：好了。

楊老師：1、2、3，開始。

第四組學生進行「雨點變奏曲再變」的表演。

（第四組學生表演：男組長領唱英文歌，全組表演，組員持續跺腳，雙手放於胸前擊掌一下，拍擊大腿一下，再擊掌一下，拍擊大腿一下，如此循環，直至歌聲結束。）

掌聲送給他們，太棒了，太棒了！組長表現非常好。所有的同學，我們 7 個組全部表演結束，我想你們心中也都有了我們的最佳表演獎的得主。還有一組同學想要重新來一次。好，再給你們最後一次機會，你們是第幾組？

學生 3：第五組。

楊老師：來，你們到前面來表演。1、2、3，開始。

第五組學生再次進行表演。

（第五組學生表演：整個過程都在小幅度跺腳，雙手放胸前鼓掌兩下，拍大腿兩下；然後拍左邊同學的大腿兩下，拍右邊同學的大腿兩下，手臂交叉，右手和左邊同學對擊，左手和右邊同學對擊；最後全組同學跳起來，緊緊湊在一起。）

楊老師：掌聲送給他們，非常棒。我特別表揚第五組，勇於再次嘗試，他們中間的花樣還很多，非常棒。因為要交叉進行，這很難一致，所以還是很不錯的。好的，把掌聲送給我們所有的同學，把掌聲送給你們自己，掌聲再熱烈一些。

現在請大家想一想，我們這七個組，你們覺得哪一組表演得最好？我喊 1、2、3，你們就把手指向哪一組，1、2、3。

（學生們行動中……）

評選最佳表演獎。

楊老師：我看一下，你們在指自己組是吧？看來大家認為自己組是最佳表演獎，透過觀察，除了有一組選的是別的組，其他都是自己選自己了。好，你們這一組被選為最佳表演獎，掌聲有請。

在所有的小組中，兩個組長有特別的表演，那位組長一直在帶領大家唱歌，然後這邊這位組長，他們組到最後還在爭執，就沒有辦法形成統一的決議。其他各組都在進行訓練，他們就沒有，怎麼辦？最後組長用他自己的智慧和魅力化解了矛盾，把掌聲送給他。

楊老師：好了，親愛的同學們，今天我們這一堂課講的是滿意，你們對自己在這個過程中的表現感到滿意嗎？

學生們：滿意。

楊老師：滿意嗎？

學生們：滿意。

楊老師：好的，那麼同學們，請大家圍成一個大圈，就像我們剛開始的大圈。

（學生們行動中……）

今天特別快樂、特別開心是不是？這就是正向情緒帶給我們的快樂，同時有挑戰、有刺激，也有和同學之間的友誼，對不對？

好，請你把右手伸出來，與你身邊的同學握手，告訴他有你在我身邊真好。再與你左邊的同學握手，告訴他，有你在我身邊真好。

同學們，滿意是一種正向情緒，這種正向情緒可以讓我們獲得自信、獲得能量、獲得支持、獲得溫暖、獲得愛。

如果把這種滿意的情緒持續下去，就會讓我們在人生的道路上越走越有動力，越走越寬闊，大家同意嗎？

老師對課程進行總結，點明滿意這種正向情緒帶給我們的力量。

學生們：同意。

楊老師：非常棒。好的，那麼今天這個活動結束以後，你們內心有什麼樣的感受要分享給大家呢？

學生 1：我覺得遊戲玩得很精彩。

學生分享上課的感受和體會。

楊老師：還有嗎？

學生 1：每個人都很團結。

楊老師：好的，我想讓一位組長來說一下自己的感受。來，你來說一下自己的感受，對今天的活動你有什麼體驗？

學生 2：小組中男生跟女生要拍手，他們都不拍，最後我也不知道怎麼辦，然後就開始唱了起來，讓他們隨便拍拍就行了。

楊老師：你的感受是什麼？

學生 2：一開始太緊張了，後來唱出來之後就不緊張了。

楊老師：在這個過程中，你的心情如何？

學生 2：他們什麼都不會，都讓我講。我旁邊那位同學想出來了，他們又不會做，每個人意見都不統一，他想這樣，他想那樣，然後就都做不出來。

楊老師：你有沒有在這個過程中找到一些你覺得自己內心所產生的積極的那種情緒呢？為什麼後來你表現特別好呢？

學生 2：後來我只能自己表現一下了。

楊老師：管不了別人了，就只好管自己了，讓自己更優秀，然後就帶動大家了，是吧？

學生 2：嗯。

楊老師：不過在你的影響之下，你們組員的表現真的很優秀，所以也應該感謝你的組員。

學生 2：是的，感謝他們。

楊老師：掌聲送給他。好的，親愛的同學們，今天的課程主題是滿意，希望這種正向情緒能跟隨著我們，陪伴著我們，一起走過我們高中的生活和以後人生的道路。

今天的課程就到這裡了，請把掌聲送給我們所有在場的同學和老師。好的，謝謝大家，謝謝同學們。同學們再見。

學生們：楊老師再見。

四、課後點評

1 課程評價

(1)教學要符合教育規律

大家說外行看熱鬧，內行看門道。我們不是要看一群人在活動，很熱鬧，而是要看課堂的進行有沒有符合科學的規律。

美國學者艾德格·戴爾（Edgar Dale）在1946年提出了「學習金字塔」理論。「學習金字塔」總共分為七層，從塔尖向塔底依次排列，學習效率逐漸升高。第一層，也就是塔尖的學習方式是「聽講」，即老師講、學生聽。這種最傳統的學習方式效果卻是最低的，兩週以後，學習的內容只能保留5%。第二層，透過「閱讀」方式學到的內容，可以保留10%。第三層，用「聲音 / 圖片」的方式學習，可以保留20%。第四層，採用「示範／演示」這種學習方式，可以記住30%的內容。第五層，「小組討論」，可以記住50%的內容。第六層，「實際演練 / 從做中學」，可以記住75%的內容。第七層，也就是金字塔底層，透過「馬上應用 / 教別人」來進行學習，可以記住 90%的學習內容。

在這個「學習金字塔」中，從第一層到第四層的學習方式都是被動式的，學生的參與度非常低，所以學習的保存率都無法超過 30%。而在金字塔的底層，其教學效果可以高達 90%。如果學生有機會把學習內容立即運用，或是讓學生有機會當身邊人的老師，學習效果或者說學習內容的保存率就可高達 90%。因此，從「學習金字塔」的理論中我們可以看出，學生最好的學習方式是將學到的知識教授給別人。

目前，多數的教育模式主要沿用了老師主導、講授為主、知識灌輸的模式，但是也有老師嘗試體驗式團體模式課堂。體驗式團體模式課堂就是要讓學生參與其中，不再以老師的教導為主，而是讓學生自身主動地參與課堂，在參與的過程中完成自我啟發、自我教育。學生是學習的主體，老師是學習的引導者、陪伴者、安排者。這樣的學習形式，學生的參與性與積極性自然會提高，他們在體驗中能充分發揮自己的能動性。

(2) 老師角色的「三位一體」——時而在前、時而在後、時而在左右

老師的角色是時而在前、時而在後、時而在左右。時而在前，就是老師時而在學生的前面引導學生，這是考慮到會有學生可能不知道的內容;時而在後，就是老師時而在後面，幫助推動學生，這是考慮到學生已經知道的內容；時而在左右，就是老師在學生的身邊陪伴，這是考慮到學生正在學習和探索的內容。

時而在前——引領。引領有帶領、引導的意思，主要是指引領事物或事件的發展方向。在團體中引領主要是指老師以教育、指導、解釋等方法，用知識把學生領進門。一般運用在團體成員對新知識、新技能的接觸之初，此時團體成員對老師所要表達的意思還處於不了解或一知半解的狀態，老師需要以主動的「動」來促進團體成員被動的「動」，老師需要引領成員入門。

時而在後——推動。推動是指當團體成員到達一定的水準和境界時，老師自然要轉化為另一個角色。老師推動學生，一方面能使學生更好地參與，另一方面是針對那些在課堂中表達有困難的學生，給予其力量。有些團體成員並不缺乏智慧和方法，而是缺乏力量，認為自己做不到。這時老師可以適時地對其給予支持，鼓勵他們向周圍的人學習。

讓團體成員進行更深層次的探索也是一種推動，這對支持、成長、諮詢、治療性團體的成員是非常有幫助的。某些成員會和他人分享自己的問題，卻不對問題做更深的探索，也就是說，他們的話題總是浮於表面。這時，老師適時地推動，給予其鼓勵和力量，讓他們有勇氣去探索和發現未知，可以使他們有更多的收穫。

時而在左右 —— 陪伴。這一般是在團體成員占主導地位時老師需要扮演的角色。比如，成員正在自我表露、體驗痛苦，或正處於某一種情緒時，就需要老師的陪伴及全方位的支持。老師需要積極地傾聽，並給予他們力量，讓團體成員感覺到當他們有需要的時候，老師就在身邊。這種陪伴，就像媽媽陪在孩子身邊，守護著孩子一樣，是一種愛的力量。

(3) 班級、小組和個人三者之間的關係

在一個課堂上，可以分為班級、小組和個人三種人群，老師如果僅僅關注到個人，在全班進行分享的時候，只讓某一個同學分享，這就是個人與班級的關係；如果選擇一個小組分享，這就是小組和班級的關係；如果只是小組內部相互分享，這就是個人與小組的關係。班級、小組和個人就組成了一個金三角。任何一堂課都是在這個金三角裡面的，在上課過程中，老師對各種關係都要注意到，不能厚此薄彼。因此，對於組長的選拔，權衡組長與成員之間的關係，就變成班級管理很重要的一部分。

我之前談到，心理學的課堂是可以幫助班級能量達到均衡，從而促進其他學科的教學。心理學的課堂，使用的技巧一定要考慮到團體的能量因素。體驗式團體心理教育，目標是心理教育，性質是體驗式。那麼我們可不可以把心理教育轉換成數學教育，把體驗式團體心理教育轉換成體驗式團體數學教育呢？我覺得是可以的，它們的本質都是相同的，都是把知識用教育技巧學的原理轉換成課堂的教育技巧，之前跟我學習的研究生班和導師班的學員，其中有很多是老師，有的是教語言的老師，有的是數學老師，當然也有英語老師。他們都在嘗試著把體驗式教育應用在自己所教的學科上，這就是一個創新。

2 優點

(1)藉由重複來強化主題

在本堂課中，學生一開始進教室，楊老師就問「今天上一堂心理課大家開心嗎？」學生說開心。楊老師問「為什麼開心呢」？你看這是她的風格，大家一起讀課程標題「我對自己很滿意——高中學生的正向情緒培養」，透過讀很多遍標題，來強化學生對主題的了解。

楊老師透過這樣的方式，來強化學生對這堂課的了解。課堂剛開始不僅僅是導課，還要植入一個概念，也就是植入「滿意」。很明顯這個植入是成功的。

另外，在「雨點變奏曲」技巧中，楊老師問到了這樣一個問題，「是不是成功就是滿意，不成功就是不滿意？」學生說不是，老師的這個提問也是強化了學生對「滿意」的了解。

(2) 恰當地運用「此時此地」

當老師讓學生自告奮勇當組長時，有 8 位學生跑到了教室前面想當組長，這和老師的計畫是不一樣的，因為老師之前已經說明需要 7 位組長。當楊老師指出多了一位組長時，有位學生選擇主動退出。

楊老師這時運用了「此時此地」技巧。「我們訪問一下，為什麼你會退出呢？」楊老師抓住機會，讓退出的學生談感想，這說明楊老師在這個狀態下很放鬆，而不是緊緊盯著自己的教學目標，她顧及了學生的感受，抓住了臨時的課堂資源。

老師的控場能力強了，就會注意到一些細節。當然這個課堂還可以設計得更精細、趣味性更強。

3 加強的部分

(1) 時間上的強化

楊老師在分組這個環節，花費了太多時間。當然，如果分組能體現你的教學目標，在這個環節多花些時間、深入一點也沒關係；如果和教學目標沒多大關係，就沒必要浪費時間。

楊老師的這個分組，設置上是不清楚的。當 7 個組長確認完畢後，如果分組設置講清楚，那麼分組的速度自然就快了。比如說一個班是 40 個人，要分成 5 個組，一個組不能超過 8 個人。楊老師可以直接說：「每個組 8 個人，如果人滿了，組長後面就不能再站人了！」簡單說明規則，就不會浪費時間。不要說「組長可以自己找」，這話顯得多餘了。組長站在那裡等著別人來，他不能向後看，向後看就可能會增加自己的壓力，同樣也會給別人帶來壓力，他內心會想：你怎麼不到我這裡來？

老師分組，在設定上面要講清楚。設置規則，目的是強化你的課堂的時間利用，使目標更快、更好地實現。假如讓我來進行這個分組，我會說「大家 10 秒之內選好小組，並站好，把手放在前面人的肩膀上」。

分組設定不清晰，這是楊老師可以加強的部分。

(2)活動操作上的強化

關於這個「雨點變奏曲」，其實也是可以加強的。課堂主要圍繞著這個遊戲的變化來展開。楊老師在一開始教大家玩這個遊戲時，就沒有給大家更多的啟發，教大家如何進行自由變化。這就導致後來楊老師說要對這個遊戲進行創新時，很多同學都是一頭霧水的，他們不知道該怎麼做，或者他們的思維沒打開，都是坐著在玩這個遊戲。

如果楊老師在最開始帶領大家的時候，就把學生的思維打開，比如說男生下大雨，女生下小雨，或者說來一次自由下雨，再或者提醒說你覺得你現在心情是怎樣的，你就下什麼雨。讓學生把自己打開，學生活躍了，他們才能更好地創新。這樣的話，後面對遊戲進行創新時，他們的思維才不會僵化，在小組準備的時候也會更靈活、更富有創造性。所以楊老師在遊戲設計方面還可以再有趣味性一些。

(3)運用高中生適應的語言去交流

高中生的自我認知、邏輯能力已經達到了成人的水準，老師是可以按照成人的模式來給他們上課的。幼稚園的老師會問學生「小朋友們，你們今天吃的是什麼？」如果高中老師還用這種口吻來給學生上課，學生就會覺得怪怪的，這是一種微妙的感覺，它會影響你以後所有課堂的「場域」。

比如，你問一個學生你為什麼滿意，學生卻在說另一個問題。他這個意思是什麼？因為老師的這個問題，他不想回答，對他來說這太小兒科了。如果老師跑得太快，學生跟不上，就體驗不到；如果老師一直在後面，學生就會覺得你這個老師傻傻的。所以每一位老師都要關注自己的風格，要注意你在為什麼階段的學生講課。面對的是小學生、國中生，還是高中生，語言風格都是不一樣的。

(4)分組表演的強化，維護「場域」能量

分組表演要進行強化，我提出的牆化建議就是維護「場域」。老師不能及時維護「場域」，學生的熱情、參與度就會下降，就好比大冬天，總有人開門進進出出，那屋子能不進冷空氣嗎？所以老師在課堂上不僅要製造「場域」、設置「場域」，還要維護「場域」，如果你維護「場域」的時機不對，「場域」的溫度就會下降。

另外，我的建議是：只要你的課堂上涉及表演，你都要設置舞臺、維護舞臺。當各個小組要表演時，楊老師要自動設置一個舞臺。舞臺具有儀式感，這個時候大家都是萬眾矚目的了，學生就不會輕輕鬆鬆在那比畫兩下就算了。這樣，「場域」的能量自然就得到了維護，甚至還會提升。

4 其他思考

(1)體驗式講座和體驗式團體之間有什麼區別？

體驗式團體活動主要分為七個級別，我們把它叫作七段，由低到高依次是講座（報告）、體驗式講座、體驗式教育團體（教育大團體）、體驗式教育與成長中間團體、成長團體（工作坊）、成長與治療中間團體、治療團體（小組）。

老師帶領課程，其實就是介於體驗式講座和體驗式教育團體之間，也就是第二階段和第三階段之間。如果老師採用體驗式教育團體，用團體的能量推動這堂課，那麼這堂課的老師就不會很累，教學目標也能實現。如果這堂課不是用團體推動的，而是主要靠老師講，當然這個講也分兩種，一種是講師的講，一種是帶領者的講。如果老師僅僅是一個講師，那就相當於是在講座這個最低階段；如果老師是在利用團體推動這堂課，也就是以帶領者的身分，那就相當於在體驗式講座這個第二階段。

在體驗式教育團體中，老師利用團體來實現課堂目標。這個動力就像風一樣，老師是可以駕馭這個風的。而體驗式講座則是在講座的基礎上添加一些教育技巧，如製作 PPT、播放了一些短片等，有沒有很好地帶動團體能量，這是兩者根本的區別。

體驗式課堂的核心是推動力。如果這堂課每個學生都參與了，那麼每個學生都是有推動力的。推動力是要靠技巧去推動的，推動力又會促進技巧最大化的實現，好的心理技巧可以激發每個個體的真善美，它是符合科學的心理規律的。老師透過技巧、團體能量的運用，最終實現知識與技能、方法與過程、情感與價值觀的課程目標。

(2) 體驗式團體心理教育技巧

過去我講體驗式團體心理教育技巧的時候，把技巧形容為餃子，餃子餡就是老師要教給學生的知識，餃子皮就是老師設計的一些活動，老師要把這些知識透過活動包進去。

包餃子是製作技巧的過程，煮餃子就是帶領技巧的過程。但是有人會包餃子，不會煮餃子，煮餃子時總是把餃子煮爛。這就相當於一些人把技巧設計得不錯，但是在帶領的時候效果卻不好。現在教育教學改革，存在的一個問題是什麼？就是老師知道卻做不到，技巧是好的，但是他們在帶領的時候卻達不到教學的最佳成效。

吃餃子是學生的分享和體驗參與的過程。學生願不願意吃老師包的餃子，除了和餃子的味道好不好有關，還和老師的人文素養、價值觀以及是否讓學生感覺到真誠、溫暖等因素。

第六節
班會 6：那年那事，心懷感激

一、背景介紹

1 感激的定義

關於感激的定義，目前學界也沒有統一的說法，他們大都把感激看作是感恩的附屬品，或者把感激等同於感恩。

首先我們先來了解一下什麼是感恩。感恩是一種傳統美德。「滴水之恩，當湧泉相報」、「知恩圖報，善莫大焉」、「投我以桃，報之以李」等充滿感恩情懷的詩句，至今仍廣為流傳。

字典對感恩的定義是「對別人所給的恩惠表示感激」。正向心理學家弗雷德里克森將感恩看作是六大正向情緒之一，認為感恩是一種情緒，其核心是受惠者在收到恩惠之後產生的一種愉快的情緒體驗，如感激和愉快等感受。

從本質上說，感恩是一種情感。而個體的這種情感可以表現為兩個層次：一種是比較穩定、持久、內隱的主觀體驗，即特質性情感；另一種是即時、衝動、外顯的主觀體驗，即狀態性情感。

狀態性情感與特定情境有關，當個體受到他人的幫助或恩惠時，會產生一種即時性的情感體驗，這就是狀態性情感。特質性情感則指向某種情緒反應的穩定傾向。具有感恩特質的個體總是傾向於在各種情境中更容易、更頻繁、更強烈地體驗到感恩情緒。當這種情感特質在特定個體身上經常出現、漸趨穩定，並已鑲嵌到個體的個性結構中時，就可以稱之為特質性感恩情感。狀態性感恩與特質性感恩不同，也就是說，體驗到感恩情緒的人與具有感恩特質的人不能畫等號。

有些學者傾向於把狀態性感恩看作是情緒，把特質性感恩當作是情感。在本次班會中，我們傾向於把感恩看作是一種特質性情感，注重親情倫理和道德關懷。

接下來我們看感激，字典中對感激的定義是「因對方的好意或幫助而感動並產生謝意」。從定義上看，感恩與感激並沒有明顯的不同。如上所述，感恩情感會引發感激之情。所以我們對感激的定位是一種正向情緒，是對他人的饋贈和幫助而產生的一種正向情緒。也就是說，在本章節中，感激是一種正向情緒表達，而感恩更側重於品德教育。

2 情緒評估理論

情緒評估理論認為，情緒的產生是由於個體對環境的評價不同，所以認知評估對情緒的產生有著非常重要的影響。根據情緒評估理論，每種情緒都有獨特的認知評價體系。個體透過對刺激事件進行認知然後對此產生評價，進而感知到自己的情緒。不同的個體對同一刺激事件會產生不同的情緒反應，主要是由於個體對刺激事件的認知評價不同，也就是歸因不同。

伍德等人透過研究得出，受助者從助人者意圖、助人成本和利益價值這三方面來進行歸因，形成一種評價，進而產生一種感激情緒。研究者透過研究提出了五種與感激體驗有緊密關係的認知評估面向，分別是他人負責性、受關懷感、道德規範、目標一致性和出乎意料感。其中，他人負責性是指事件的發生歸因於他人還是自己；受關懷感是指知覺到自己被理解、被接受、受到尊重與關懷；道德規範是指個體對自己或他人的行為是否符合社會規範的認知；目標一致性是指事情在多大程度上與個體目標是一致的；出乎意料感是指事件的發生、發展與結果是超出個體的預期的。

3　關於感激的研究

對於感激的研究主要集中於感激與主觀幸福感的關係、感激與利社會行為的關係、哪種人格特質的人更傾向於表達感激等。

研究指出感激使個體有更多的助人行為。感激體驗越多的個體，總體主觀幸福感就越強。另一研究以大學生為被試，發現大學生的感激傾向越多、越明顯，其主觀幸福感、愉快心境就越多，並且生活滿意度也越高。

研究表明，感激能夠促進受惠者與施惠者之間關係的形成，提升個體滿意度。因為當個體發現自己是某種受惠者的時候，他的內心會有一種被尊重的感覺，從而更願意與他人建立親密關係。

學者提出了感激和關係保持模型，該模型認為，當個體對另一半表達感激時，另一半也會體會到自己被對方感激與欣賞，然後產生安全感，給予對方積極的回應。他會認為這是值得的，並也會向對方表達感激。這就會形成一個正向循環，提升雙方的關係品質，也會提升雙方對關係的滿意度。

二、課堂目標

那些在我們生命中產生重要影響的人，會在我們心中留下很深的印象。因為他們，我們變得更好。我們對那些人充滿感激之情，這是一種正向情緒。懷著這種情緒能夠讓我們更好地去面對未來的生活，面對人生的風風雨雨。本課程的目的就在於透過讓學生回憶起對自己印象深刻的人或事，進而喚起學生內心的感激之情，使他們更好地面對生活，成為更好的自己。

三、課堂實錄

韓老師：同學們，歡迎你們來到這個課堂。首先做個自我介紹，我叫韓 ××，曾經也是這所學校的學生，也擔任過這所學校的老師，在幾年前我離開了老師的職位，到教育局從事心理健康教育的工作。今天又站到這個講臺上面，我的內心非常激動，但是今天的課堂跟我們平時的課堂不一樣，同學們看到了吧？

（全體學生圍坐成一個大圓圈）

自我介紹，介紹自己與這所學校的淵源，拉近與學生之間的距離。

學生們：看到了。

韓老師：那麼我們的內容一定也與平時不一樣，同學們期待嗎？

學生們：期待。

韓老師：同學們的收穫也一定不一樣，此時同學們的心情怎麼樣？

學生 1：激動。

學生 2：開心。

透過提問吸引學生的好奇心，讓學生充滿期待。

學生 3：跟他一樣。

韓老師：好，同學們請看大螢幕，請同學們一起把它讀出來。「那年那事」，開始。

學生們：「那年那事 —— 高中生正向情緒培養」。

（螢幕內容）

韓老師：我們再來一遍。

學生們：「那年那事 —— 高中生正向情緒培養」。

韓老師：這堂課我們到底講什麼內容呢？同學們現在是不是很期待？

★小活動　破冰遊戲 —— 百花開

帶動學生的興奮度，讓大家積極參與其中，增強團隊凝聚力，考驗反應能力，同時打破男女生之間的拘謹，帶動積極參與的程度，活躍氣氛。

學生們：是。

韓老師：有好奇嗎？

學生們：有。

韓老師：好的，先把我們的好奇、期待、激動放到一邊。我們上課的形式不一樣，內容也會不一樣，現在我們先來玩一個遊戲。這個遊戲大家聽好了，同學們說「春天到」，我會說「百花開」，同學們再問我「開幾朵」，我會說「開 × 朵」，我說有幾朵花就代表要有幾個同學手把手圍成一個圈，這個圈要緊密一點。同學們再問「幾朵紅花」，紅花代表女生，如果我說「3朵」，就代表至少要有3個女生。懂了嗎？好，同學們開始。

學生們：春天到。

在老師進行報數的時候，要根據學生人數與男女生性別的比例來喊不同的紅花數。

韓老師：百花開。

學生們：開幾朵？

韓老師：開6朵，(學生們開始行動……)等一下，還沒開始，還有一句「幾朵紅花」。

學生們：幾朵紅花？

韓老師：1朵，開始！我們看哪一組先完成。我要倒數計時了，5、4、3、2、1，停，我們看哪些組已經成功了。現在我來訪問一下，(指向一個小組)你們成功了嗎？

老師喊出花朵數的時候語速要適中。

學生1：成功了。

韓老師：他們成功了。你們成功了嗎？

學生2：沒有。

韓老師：老師剛剛說幾朵？6朵花1朵紅花，1朵紅花代表至少有 1 個女生，那你們全是女生，可不可以？

學生 2：可以。

韓老師：同學們，老師說 1 朵紅花是至少有 1 個女生，如果這個組都是女生，可不可以？也可以，對吧？

在活動中，老師要仔細觀察，男女生參與活動比較害羞的時候，要給予及時的干預。

請大家坐回原來的位置，速度要快一點，我們看哪組最先完成。幾朵紅花是指至少有幾個女生，懂了嗎？好，我們再來一次，我們看哪組以最快的速度完成，同學們開始。

學生們：春天到。

韓老師：百花開。

學生們：開幾朵？

韓老師：開 8 朵。

學生們：幾朵紅花？

韓老師：2 朵，5、4、3、2、1，你們好了嗎？

學生們：好了。

韓老師：到這邊找椅子圍圈坐，小組成員圍成一個圈。你們全部是女生，讓人家男生怎麼辦？快點跟人家換！男生趕快邀請女生，那邊全都是女生，把握時間，快點！你們好了嗎？

學生們：好了。

韓老師：好，圍成一個圈坐好。你們好了嗎？

學生們：好了。

韓老師：椅子拿好，弄好的同學圍成一個圈坐好，你們這個是圈嗎？不像圈，你到底是哪一組的？

學生1：我是共用的。

韓老師：共用的啊，你這麼厲害啊，兩組都想要你。這個同學非常受歡迎，有兩組想共用他。現在我們跟自己的小組成員打個招呼，握個手，說「歡迎你跟我成為一組」。

運用幽默的話語來使整個課堂氛圍更加融洽，學生在一個非常放鬆的環境下進行活動。

（學生們互動中……）

剛才在活動的過程當中，我們發現，有的組女生很多，有的組都是男生，一個女生也沒有，但是在很短的時間內，他們就找到了女生，讓自己組隊成功，這代表我們班的同學非常積極、主動、團結、樂於助人，能綜觀局面，同意嗎，孩子們？

學生們：同意。

韓老師：非常棒。現在我們小組的每個成員，如果你覺得我願意為我的小組付出，我有能力，我有信心，我相信我們的小組在我的帶領下能有最多的收穫、最好的成績，我願意當我們這個小組的組長，我願意為大家付出。有這種想法的同學，當我數到 3 的時候，你就站起來。1、2、3，非常棒。好的，我們每組的組長已經誕生，同學們的掌聲再熱烈一些。

選組長，學生自願參選，如果自己想為小組付出就自己站起來。提高學生的自主意識。

（學生們鼓掌……）

韓老師：每個組長用一句話來表達你此時此刻的心情。

學生 1：激情澎湃。

韓老師：激情澎湃，就是非常高興能有這個機會跟同學們一起活動。

學生 1：對。

韓老師：好的。你呢？（指向下一個組長）怎麼想的就怎麼說。

學生 2：很激動、很開心。

韓老師：很激動、很開心。

學生 3：我很激動，我相信我能帶領我們這組取得更好的成績。

各小組組長表達成為組長的心情。

學生 4：天將降大任於斯人也。

學生 5：這真是太有意義了。

韓老師：好的，各位組長請坐下。

學生們：老師，這邊還有兩位。

韓老師：還有你。

學生 6：很榮幸。

韓老師：很榮幸。還有一位，來。

學生 7：我一定會帶領我們的小組獲得勝利。

韓老師：獲得勝利，我看到我們同學都非常自信，非常開心，非常喜悅，非常有愛心，非常有奉獻的精神。我相信我們班同學在今天的活動當中一定會有最大的收穫。你們都成長得非常好，老師為你們感到驕傲。

同學們，看看我們周圍的同學，他們有各自的性格，處理事情的方法也完全不一樣。

我們從出生到現在，接觸過的人不計其數。這些人有的跟我們相處了很長時間，如我們的爸爸媽媽，有的也許就跟我們有一學期的緣分，或者只是路人。這些人或多或少都會對我們產生影響。我們聽到的事情、看到的事情，也許我們自己記得不太深，但是它們都會對我們產生影響。當我們還是小孩子的時候，非常單純，遇到事情不知道怎麼處理，到了不同的場合，也不知道該怎麼表現，但是現在我們知道了。我們在遇到的這些人和與他們之間發生的事情當中，形成了自己的性格，形成了我們處事的方式，孩子們同意嗎？

學生們：同意。

韓老師：形形色色的人和形形色色的事對我們產生了影響。

再來講一個我的小故事。在我六、七歲的時候，有一天我看到朋友們都在游泳，我也跟著過去。他們在水裡玩鬧，我也下去玩。可我不會游泳，看到一棵大樹漂在水上，我就快點過去抱著樹開始划水。可是我划著划著，這棵樹就往水中央漂去了。我一看不好了，大樹漂到中間了，可我的兩條腿已經沒有力氣動彈了，我就停了下來。停了之後，這樹一翻，我沒有力氣，就掉到河裡了。

老師分享自己的經歷，在她的人生中對她印象深刻的人與事，以及對她產生的影響。她對這些人與事充滿感激。

當我清醒的時候，我發現一位老爺爺已經把我放到岸上了。我一輩子感激他。小的時候，我對這件事情的印象還不深，越長大我就越感激這位老爺爺。現在他已經過世了，我就向他的親人表達我的謝意。老爺爺救我這件事情讓我學會了感激。

在國中，有一次寫作文，我從別的地方抄了一大段。因為覺得這一段很好，我就抄了，結果被老師發現了。老師就問我：「這一段是你寫的嗎？」當著那麼多同學的面，我非常難為情。被老師罵了這一次之後，我寫作文再也不敢抄了。高二的時候有一次比賽，我的作文還得了第一名。

孩子們，我們經歷的許多人和事，都會對我們產生不同的影響。不管當時這件事情、這句話是讓人開心的，還是讓人不那麼愉快的，它都讓我們在不同的方向、不同的程度上有所成長。現在回想起這些人和事，我對他／它們充滿了感激，正是他／它們讓我成長，讓我對自己滿意，讓我充滿力量。

同學們，你們呢？在你們的生活當中，在你們的經歷當中，也會遇見各種人，發生各式各樣的事，這些造就了你們不同的品格，讓你們對自己滿意，對未來充滿信心。

★活動 —— 我的生命樹

用彩色筆在紙上畫一棵樹，這棵樹代表了我們自己，這棵樹上會結出不同的果實。每一個果實代表以前對你產生影響的某件事或者某個人，他／它們讓我們變得更好，成長得更好，讓我們成為現在的自己。每個果實上面可以寫上那個人的名字或者那件對你影響很大的事。

今天我們回憶一下，在你的生命當中，有哪些人、哪些事對自己產生了影響，他／它們讓你成長為今天的自己。我們回憶一下。等一下老師會給你們每人一張紙和一支彩色筆，請同學們畫一棵樹，這棵樹代表的就是你們。這棵樹上會結出不同的果實，這些果實就是對你產生積極影響的人或事。他／它們讓你成長得更好。你可以在每個果實上面寫那個人的名字或者那件具體的事。當我們寫下那個人或者那件事的時候，那個人或那件事就會呈現在我們眼前，我們會更加清楚地知道這個人或這件事對自己有什麼幫助。

請組長到我這邊來，幫自己組的成員每人拿一張紙和一支彩色筆。組長速度快一點，這樣你們的組員就能有更深的體驗，相鄰組的彩色筆也可以共用。同學們，你們可以選擇自己喜歡的顏色，然後靜靜地創作「我的生命樹」。你們都拿到筆了嗎？

「我的生命樹」就是自己的生命樹，你們不要講話，靜靜地想一想，可以趴在椅子上面想，可以選自己喜歡的顏色。你自己的樹和其他人的樹都是不一樣的，這是你們自己心中的樹。每個人的經歷不同，樹也會不一樣，果實隨便你畫多少，根據自己的想法。果實上面寫上名字和事。還有不懂的嗎？

注意事項：

(1) 果實的數量根據影響自己的事件或者人數來畫。

(2) 在作畫過程中每個人畫自己的，不准互相交流。

(3) 在不同的人生階段，果實的位置也不同。

韓老師：果實會在不同的位置，不同時期出現的人和事，就使得果實在不同的位置上。每個人畫的果實，也是不一樣的。

（指向一個學生）

你的果樹上面就只有一個果實嗎？

學生 1：不是，還沒畫完。

韓老師：果實在不同的位置，代表在不同的時候。

學生 2：代表不同的人生階段。

韓老師：對，人生階段這個詞說得對！孩子，你已經畫好了嗎？就一個果實？

學生 2：重畫一個。

韓老師：好，我看到我們絕大部分的同學已經畫好了，還沒畫好的同學可以繼續畫。現在我請幾位同學來分享一下，想分享自己生命樹的同學舉手。把握時間，我們根據情況調整，有 3 ～ 5 個名額，越踴躍分享、表達，我們今天的收穫會越大。(一位學生舉手) 好的，老師幫你展示，可以嗎？

學生 1：謝謝老師。

韓老師：好，我們請這位同學開始分享。大家看一下這位同學的生命樹，你要對照著看，對吧？

老師鼓勵學生進行分享，「越分享收穫越大」，讓學生主動來分享自己的畫。

學生 1：對。我畫的是從我的小學到高中的一棵成長樹。我曾經有過這一段經歷，在小學的時候，我對讀書其實沒有任何一點興趣，尤其是數學。五年級的時候，我的一位啟蒙老師，他曾經幫助過我，在每次我考得不好的時候。因為我那時候比較靦腆，他會主動來找我，然後一題一題地教我，五年級是我數學成績進步最快的時候，六年級的時候，他去別的學校了，然後我就有點彷徨了，我又對數學失去了興趣。直到國一的時候遇到了我的數學老師林老師，林老師也在現場，我想跟他說一聲謝謝。人生充滿了許多的未知數，感謝為我開解的人。

第一位學生介紹自己的生命樹，對幫助過自己的老師表示感謝。

韓老師：孩子，非常感謝你的表達。人生當中能遇到一位這樣的好老師，就感到非常幸運了，你還遇到了兩位，恭喜你孩子。我們為他鼓掌。這兩位老師我聽出來了，他們給了你溫暖，給了你方向，給了你力量，你現在想起他們，內心還充滿感激和感動，是這樣嗎？

學生 1：對。

韓老師：想到他們你就會更有力量，不放棄自己。

學生 1：對。

韓老師：好的孩子們，我們再次為我們這位同學鼓掌，請坐。好，下一位。

學生 2：我講的是分別在我 8 歲、14 歲、15 歲時發生的故事。

在我 8 歲的時候，有一天，我的玩具被鄰居家的哥哥拆了，我很傷心、很難過，因為那個玩具是我大阿姨買給我的生日禮物。我就哭，我也不知道哭了多久，我爸爸就很生氣，最後他告訴我說哭是懦弱的表現。他的那句話我記了好多年，我現在都還很清楚地記得爸爸跟我說話時的神情。這句話讓我學會了堅強，自那次之後我就很少哭，遇到難過的事情也會寫在紙條上面，不開心了就撕掉，這樣就會化解一點。

在我 14 歲的時候，那年暑假我們全家出去玩，我們去超市買東西，當時我把東西放在超市的椅子上，後來忘記拿了，等坐車回到家才發現沒拿東西。姐姐沒有怪我，她告訴我要寬容。我小的時候特別喜歡跟姐姐吵架，我也不知道為什麼。她比我大 3 歲，但我覺得她小的時候不喜歡跟我一起玩，我就很生氣，經常無緣無故地和她吵架，甚至還和她打架。我每次都認為是姐姐打不過我，後來才知道是她一直都在讓著我。

第二位學生介紹自己的生命樹，與同學們分享自己生命中的重要他人 —— 爸爸、姐姐還有一位好朋友，以及他們對自己的影響和在他們身上學習到的東西。

在我 15 歲的時候，我認識了一個好朋友，她叫李××，是她告訴我，什麼才是真正的朋友。她從來不會和我比成績，只會默默陪著我，我們有同樣的愛好、同樣的興趣。在我六年級的時候，我記得很清楚，一位叫魏 ×× 的老師，我到現在還記得他的名字，他告訴我要做自己世界的主人，不能被別人左右，因為就像你不理解別人一樣，別人也不可能完全理解你。所以做好自己就好，人生的路是要自己走的，不能被別人左右。

韓老師：我們這位同學剛才跟我們分享了她的生命樹上的生命之果，同學們，我們也學到了很多，我們給她鼓掌。鄰居家的哥哥毀壞了她的玩具，讓她學會了怎麼去調節自己的情緒。當我們難過的時候是可以哭的，但是更重要的是我們要學會怎麼調節自己的情緒。姐姐跟她相差 3 歲，但是姐姐告訴她什麼叫寬容、忍讓和愛。朋友告訴她什麼叫真正的朋友。現在每每想起這些事情，這位同學的心裡都對他們充滿了感激。這些事情、這些人讓你成為今天更好的自己。孩子，恭喜你。我們再給她鼓掌。(學生們鼓掌)好，再來最後一位。

學生 3：我先來解讀這幅畫。這是一棵樹，上面寫著「我小學的時候」，下面有兩個人，他們為這棵樹提供養分。我不是樹，我的父母才是樹，我只是上面的一個鳥巢中的一顆蛋。我覺得我對我的父母很虧欠。我的父母老了，但是我還想在這棵樹上留下一點綠。

這隻鳥是我的姐姐，我的姐姐比我大 13 歲，從小她經常教導我。我記得有一次，她把一句很簡單的英語放在我的面前，具體是哪句話我已經不記得了。她當時問我是什麼意思，我說不出來，然後她就教我。我的姐姐其實學的是畫畫，她上的是藝術大學，她很希望我能夠考上一所理想的大學，不要像她一樣忙碌地奔波，我便哭了。

我對姐姐的愧疚太深了。我很不聽話，她這次寒假回去，我還和她爭吵。從我小學畢業以後，她沒再打過我，也不再教導我。我問她為什麼，她說你長大了。我對她說，你可以打，你隨便打，她也只是笑笑。我對不起她，所以我要努力讀書，以後有所成就，謝謝大家。

第三位學生分享自己的生命樹，他談到自己的父母和姐姐，對他們感覺到虧欠與愧疚，並對自己說要努力讀書。

韓老師：孩子，我可以擁抱你一下嗎？

學生 3：可以，謝謝老師。

韓老師：孩子，聽了你剛才的表達，老師已經堅信，你會成為一個非常好的人。掌聲再熱烈一點。（學生們鼓掌）我們班裡的所有同學的掌聲都是對你的理解、鼓勵和愛。請坐下。

接下來，請我們各位組長帶領各自的成員，就像剛才這樣，每位成員都站起來跟大家分享，現在開始。我們的組長安排一下，讓他們分享。舉手也好，排順序也好。站起來分享，要有個人幫他展示畫。(各小組行動中……)不好意思，老師打擾一下，每位同學選擇一個自己最想分享的果實就可以了，分享完之後就緊接下一位，這樣每個人都有機會分享。

對分享進行安排，加快速度，讓學生分享自己最想分享的那個果實。

(學生們分享中……)

韓老師：你們分享完了？（指向一個小組）

學生們：沒有。

韓老師：該誰了？

學生 1：我。

韓老師：分享一件你最想分享的事。

學生 1：我國中的時候有件很遺憾的事情，就是我爺爺去世，我沒有回去。

(老師轉向下一個小組)

韓老師：正在分享是嗎？

學生們：都說完了。

韓老師：我覺得你們現在都有感情的流露，但以前好像沒有這個機會。今天把情感整理一下，就會發現原來是這些人和事成就了今天的我們。這些人和事，也許當時讓我們感覺不舒服，但是他／它們從不同的角度成就了我們。

現在我們用感激的心去看待這些人、這些事，這樣我們的人際關係會變得更好，我們自己也會成長得更好。你們真的很好，我真的為你們感到驕傲，我一直有一股衝動，想回來上課，我真的很喜歡老師這個職業。

好，現在大家都交流好了？

學生們：還有 3 個人沒有分享。

韓老師：你還沒分享？

學生 2：對啊。

韓老師：你是不想說嗎，孩子？那你以後再找恰當的機會分享，或者是跟自己最好的朋友分享。其實你也要相信老師一開始說的話，表達越多、分享越多，你今天收穫就會越多。

不少組長都跟我說，他們小組分享結束了，現在我們回到原來的大圈。我看到剛才每個小組的每位同學都在組長的帶領下認真地分享，他們都在表達一些人或事給自己帶來的感受，他們都有真情的流露。不少同學因為感激、感動，還流下了淚水。這個淚水是我們內心深處感情的表達，非常寶貴，它會讓我們從內心凝結出更多的成長力量。由於我們今天的表達，我們身體裡面的能量能更加暢通地流動，我們獲得了新的力量。

曾經的那些人、那些事成就了我們，我們對他們充滿了感激。當我們對他／它們表達感激之後，我們就會有更多的力量，我們就能夠學會怎樣做一個更好的人，我們也會在以後的人生中向他們學習，成為他們那樣的人。最後，請同學們表達一下，今天參加這個活動你有什麼感覺？你有什麼想說的話？

老師對今天的課程內容進行總結，詢問學生上完這堂課的感受及想說的話。

學生 1：我要努力讀書，做一個最好的自己，對得起所有對我好的人。

韓老師：好的。

學生 2：努力讀書去回報他們對我的付出。

韓老師：去回報他們對你的付出，內心對他們的幫助充滿了感激。即便有些事情當時感覺是不愉快的，但是回過頭去看，他們都在不同的方向、不同的程度上成就了我們，孩子們同意嗎？

學生們：同意。

韓老師：當我們越心懷感激的時候，我們的人際關係、我們周圍的環境就會越來越好，這樣就更有利於我們成長為一個更好的人。你的感覺是什麼？

學生 3：我們應該更加努力來回報父母。

韓老師：畫了這棵生命樹之後，你覺得你更有力量了，你更有方向了。好，請坐。

韓老師：孩子們，現在請你們放下筆站起來，把紙折起來，放在自己的口袋裡面。筆放到後面的椅子上就好。把你們的「生命樹」放在口袋裡面帶回去。請同學們從你們的生命樹上，選擇一個你最想表達感激的人，在課後找個時間寫一封信給他，表達你對他的感激。

現在同學們伸出手來，給我們班所有的同學——你的朋友們還有自己熱烈的掌聲。現在我們把手伸出來，像老師這樣，為我們班所有的同學還有自己鼓掌。

（學生們鼓掌）

四、課後點評

1 優點

(1)允許課堂的沉默

我們一起來看看韓老師帶的這堂課。在開始的時候，韓老師介紹自己，介紹自己上這堂課的心情。老師詢問學生對這堂課的內容有期待嗎？這其實是一種緩解壓力的方法。為什麼我會這樣說呢？在這個過程中，老師多說了一句話：「這堂課我們到底講什麼內容呢？同學們現在是不是很期待？」

其實在前面一句說完之後，後邊那句話是可以不說的。那麼韓老師為什麼要說這句話？因為有時候我們說的話是無意識的。比如我要跟你說話，但是這時候我已經沒話了。沒話了有兩種可能性，一種是我繼續找話，另一種是我不說沉默下來。韓老師的情況顯然屬於前者。

我們的課堂允許沉默，就像我們諮詢一樣也允許沉默。在這一點上，韓老師做得非常好，她馬上做了一個巨大的調整。你看，在昨天的課程中，韓老師有 3 分鐘不說話，今天的課程她有 8 分鐘不說話了。這是我觀察到的現象，並不是說這個不好。

韓老師課前無意識的話，其實就是沒話找話、緩解焦慮的表現。我們每個人都有這種情況，先幫自己緩解一下。等我們有一天完全了解清楚了，這些情況也就會少出現了，甚至會完全沒有。

(2)勇於揭露自己，把自己交出去

韓老師以自己的故事為切入點來講解感激，這種把自己交出去的老師風格是所有心理老師的必經之路，也是必須要過的關卡。韓老師做到了，這點值得稱讚。

之前我在帶一個學生的時候，他在我面前上課，也是示範課程。在課程中，現場有一對夫妻，大家都不知道他們倆是夫妻。等帶領老師知道他們是夫妻後，就讓兩個人對話，這很好。可在夫妻對話的時候，帶領老師卻離他們很遠。我就發現了他的根本問題，我走過去，跟帶領老師說：「你是團體的一員，你應該在裡面，而且要站在他們身邊。」然後他說他懂了，就按我說的去做，站在他們身邊。等我轉身回到座位上的時候，我發現他還是走掉了，他的這個習慣是很難改的。我們每個人都很依賴過去的交流模式。勇敢把自己交出去，並不是很容易做到的。

(3)「場域」溫度的掌控

韓老師說：「如果你覺得我願意為小組付出……當我數到 3 的時候，你就站起來。」這句話說得特別好。好在哪裡？這個指令如果成功了，「場域」溫度就會上升。

老師帶領的一個行為，或者老師說的話，都會使「場域」溫度上升，這就像爬坡一樣。要知道，一堂課真正達到效果也就是爬到坡頂上的幾分鐘。韓老師的指令是見效的，大家情緒都很高漲，都全力參與了。但這個行為也是有風險的，如果我們內心並不安定，或者我們對「場域」沒有把握，我們就不敢這樣說。我們會說：「你們一定會有人站起來的，對吧？」

如果團體中有人先放開來，就會促進「場域」溫度快速上升，而這幾個先站起來的組長就是先放開的人。這幾個組長被稱為車夫，車夫就是拉著那些不想走的人向前走。這幾個組長也可以被稱為課堂的助教。當課堂中的所有學生都成為車夫的時候，這個班級就成了一臺會跑的車子，就不再是「人力車」了。一個好的導師或老師是可以透過自己的教學和人格來影響學生的。

(4)設計分享環節，同時尊重學生

老師在課堂上說「不好意思，老師打擾一下，每位同學選擇一個自己最想分享的果實就可以了」，這樣可以節省時間，為老師的這種行為點讚。這個環節非常需要老師的干預，不然就漫無邊際了。老師干預分享時說「不好意思，老師打擾一下」，而不是學生應該被老師打擾，這體現出老師對學生的尊重。

(5)用描述視角切入，以精闢的句子結尾

我們一起來看一下韓老師最後說的話：「畫了這棵生命樹之後，你覺得你更有力量了，你更有方向了。」韓老師在這段話中說到了剛才發生的事和現象，她用描述的視角切入思考。

這個時候老師如何說很重要，因為整堂課的體驗結束了，環節也完成了，學生體驗得還不錯，這個時候該說什麼是很重要的。教學最後的說明、整合，都是在這個時候完成的，而且有時候最後的一句話能抵前面的很多句，所以這一句話需要非常漂亮，類似於整個課堂的總結。感激這種正向情緒的核心所在，是感激的存在可以推動一個人更有力量，而不僅僅是為了感謝別人。為了感謝別人，那就是品德教育。感激是人性中的一種正向力量，一旦被激發出來了，這種力量就可以推動你往前跑。

(6) 在分享中老師擔任陪伴角色，具有同理心

會心技巧主要包括同理、積極關注、歸納等。團體老師會帶領團體進入一種良好的氛圍當中，良好的氛圍是團體為了實現目標所必需的，我們把這種氛圍叫作會心。

在分享的過程中，一位學生流著感激的淚水，老師陪伴在旁，沒有干預，對於這一點應該稱讚。學生流著感激的淚水在分享的時候，老師在這個地方陪著他，這個場面已經在會心狀態了。在以前的示範課堂中，我都沒提會心，因為我們還沒到達這種境界。韓老師說：「我可以擁抱你一下嗎？」一個溫暖的老師只需要一句話、一個行為就具有了魅力，這堂課也由此亮起來。

曾經有一次，我在一所大學參加心理論壇，臺上一位女教授在講她的危機干預案例。她講著講著，自己感動了，想流眼淚，但沒流下來，底下的人都想去安慰她。我當時在臺下，就想著等下舉手發言時，我就幫她出主意，我寫了一大堆女教授可以做的行為。

等到女教授講完，舉手發言時，我舉手剛說了兩句，後面一位老先生就站起來了。這位老先生是一間心理研究所的所長。老先生一站起來，就吸引了全部人的目光。大家都開始看他，不看我了。老先生走到我身邊說：「你這樣不行。」他直接走到臺上，這位 80 多歲的老先生輕輕擁抱了一下女教授，並說「我們大家都愛你」，女教授的眼淚嘩嘩地落下來了。然後老先生回頭看了我一眼，說：「是不是比你那樣說更好？」這個場景我一直記得。有時候只需要一個擁抱，就勝過千言萬語。

2 加強部分

(1)活動設計的加強

我們可以加強「百花開」這個活動設計，當我們報花的朵數時，要從簡單到難，逐漸遞進，比如說 1 朵花、2 朵花、3 朵花，不要一開始就是六七朵這種比較有難度的。

另外，我們可以設定男生是綠葉，女生是紅花。在活動中，當老師說「百花開」學生問「開幾朵」時，老師就可以說「1 片綠葉、2 朵紅花」。這個班級的女生比較多，可以把紅花的數量多說一些。如果一個小組都是女生，都是紅花，就容易引起歧義，學生會覺得老師不夠嚴謹。所以老師在設計遊戲時應該從簡單到困難，避免有歧義的要求。

(2)課堂上要學會抓住機會

在課堂上，一位學生進行分享，他說道：「林老師也在現場，我想跟他說一聲謝謝。」這是一個很難得的機會，如果帶領老師是我，我會問林老師是哪位？然後邀請林老師坐在學生旁邊，在學生向林老師表達感謝的時候，我會用手機放一些關於感謝的背景音樂。這是一個很好的機會。帶領老師沒把握住這個機會，雖然這堂課也能實現教學目標，但是內容就會比較淺顯，不深刻。

其實這個時候，當林老師不在現場的時候，我們也是可以有所作為的。比如，帶領老師搬一個空椅子放在學生面前，讓學生想像林老師就在空椅子上面坐著。學生當著林老師的面表達感謝，然後帶領老師上去擁抱學生，這就很完美了。其實在最後的分享中，韓老師去擁抱了一位學生，說明老師被感動到了，這個過程是非常溫暖的。

感激可以讓一個人前進得更快、更美、更好。韓老師擁抱完這位學生後，又回到老師的身分上，再繼續講下去，這是很連貫的，韓老師也做得非常好。我有點遺憾的是，在感謝林老師這一點上韓老師沒有把握住，覺得有點可惜。

一堂課的成功，需要依靠火候，掌控火候和整堂課的走向，這是帶領老師需要具備的修養。一堂好課，不是我提前準備好它會遇見什麼，也不是我知道具體會發生什麼事，而是我知道一定會有美好的事發生。

(3) 作業要給得恰當

請同學們在課後寫一封信，其實韓老師可以不用這樣要求的。派作業，寫一封感恩信，這是一個很難達成的技巧。

老師這個指令發出去之後，可能只有1%的學生去做。因為這個技巧不好做，學生也可能不夠明白。若帶領老師不能掌控整個課程，說的話讓學生沒有感受，學生就不能完成作業。對於沒有掌控的安排，其實是沒有必要的。因此，這個派作業的指令，韓老師是沒有必要下的。

3 其他思考

(1)角色三位一體 —— 講師、帶領者、心靈導師

「我們從出生到現在，接觸過的人不計其數……這些人或多或少都會對我們產生影響。」大家注意這一段話的背後，其實我們的講師已經不再是講師了，她是一個心靈導師，她在說人的成長，她在推動那個「場域」，進行「煽風點火」。

老師其實是有三個角色的。第一個角色是講師，給學生講知識、講規則；第二個角色是帶領者，帶領學生一起去探索知識與方法；第三個角色是心靈導師，將自己的人生領悟和理解分享給學生聽。所以老師既是講師，也是帶領者，還是心靈導師。

如果老師只是一種角色，就沒辦法很好地推動學生前進。老師只站在前面講，大家也不可能往前走的。所以心理老師其實也是心靈導師，他可以帶著學生往前走，推著學生往前走。「形形色色的人和形形色色的事對我們產生了影響。接下來講一個我的小故事。」這個時候韓老師就開始講自己的經歷，進

行自我揭露。其實這個時候韓老師就是心靈導師的身分。韓老師在不斷地放開自己，說自己的故事，這是一個不斷強化表達自己的過程。一般講師都是在理性層面進行敘說，而心靈導師則是從感性層面切入，相對來說比較能刺激到人的心理。

(2)感激和感恩的帶領策略和切入點

感激與感恩是有一個分水嶺的，感激帶領不好的話，就會變成感恩，帶有控制或者道德說教的色彩。「感激」是為了帶動正向情緒，「感恩」則是幫助一個人去實現這種正向特質的行動。很多人搞不清楚兩者的界限，所以我一直在觀察今天這堂課，害怕韓老師會把「感激」帶領成「感恩」，甚至演變成「感恩教育」。

在畫生命樹的時候，韓老師有這樣一句引導：「在你的生命當中，有哪些人、哪些事對自己產生了影響……請同學們畫一棵樹，這棵樹代表的就是你們……這些果實就是對你產生正向影響的人或事。」這個過程需要加強的是什麼？需要加強的是要圍繞感激，而不是圍繞人生經歷。老師在這個過程中可以加一句話：「在你過去成長的過程中，哪些人、哪些事讓你產生了感激之情，你今天回想起來還有感激的情緒體驗？請把他／它們畫在這棵樹上。」老師要強調一下感激情緒。那棵樹就不叫「生命樹」了，應該叫「感激樹」。所有的一切都要緊緊圍繞「感激」展開。

(3)導師主導、教育技巧主導和現場能量主導

三種主導模式包括導師主導、教育技巧主導和現場能量主導。這三種主導模式沒有好壞之分。選擇哪一種主導模式，一方面要看何種模式更符合團體成員目標實現的需求，另一方面要看團體導師的帶領能力及其擅長的主導模式。

以導師為主的團體模式，主要是依靠導師的個人運作能力及其專業背景，團體完全依靠導師個人能力和表現來掌握整個過程和效果。以教育技巧為主的團體模式，主要是依靠操作者預先設計好的所有程序，包括布置的場景、使用的道具、團體諮詢計畫等。在具體操作上面，導師個人的作用發揮得並不明顯，他只需要按照既定的流程和技巧安排操作就可以了，此時導師的重要性次於教育技巧的重要性。以體現控場能力為主的現場能量主導模式，更注重的是現場和當下的各種關係，如冷場時就要想辦法暖場。當「場域」的力量偏離團體的目標時，就要想辦法調整過來。這種模式很注重現場的氣氛和感覺，靠的是團體成員之間的關係以達到團體目標。

在韓老師的課堂上，她已經拋棄了以導師為第一主導的授課風格，而轉為以教育技巧為第一主導、導師為第二主導、現場能量為第三主導的帶領風格。等到一陣子以後，透過不斷練習，她會以現場能量作為第一主導，教育技巧作為

第二主導，導師主導放在最後。

對我來說，我看一堂課好不好，主要是看到這堂課結束時，成員之間的表達是否多於對老師的表達與互動。如果成員之間交流多，那麼說明這堂課是成功的，這個團體是帶領成功的，因為成員彼此之間產生了友誼和愛。剛開始講課時，我們大多數先是導師主導，然後是教育技巧主導，最後是現場能量主導，等到老師的教學能力越來越高，對課堂更能掌控之後，我們就反過來了，現場能量主導就會排首位，然後是教育技巧主導，最後是導師主導。如果「修煉」到顛峰，你將不再需要借助什麼既定模式、方法，達到人課合一的境界，這就是大師等級了。

(4)老師教育機會的出現

平時老師跟學生談心的時候，跟學生說多少句都沒用。只有當學生進入某個情境，老師再來跟學生談心，才有用。這個時候，學生已經分不清楚，以為這也是老師很平常的一句話。其實不是的，這個時候老師講一句底平常講的很多句。這就是我剛才說的「場域」的掌控、機會的掌控、火候的掌控。

大家觀察一下：這堂課真實了嗎？千教萬教教人求真，這堂課真實了嗎？真實了！為什麼這堂課真實了呢？因為這堂課是由一個真人帶領的，這堂課用了真實的技巧，討論的過程中允許真實的事情發生。學生是很聰明的，一看這個老師是不允許我們說真話的，他們就不會表現出真實。

(5)老師該如何引導

在課堂分享中，有一個小組的女生情緒很激動，從她的表達中可以看出她有點傷心。這個時候老師要怎麼做呢？我當時想走過去，但這個課堂不屬於我，我就沒有動。如果是我，我會走過去，跟那個女生所在小組裡的其他同學說一下：「現在你們的同學需要支持，請你們對她做一個動作，可以去擁抱她一下或者撫摸一下她的後背，表示你對她的支持。」這個環節是要完成的。

在最後進行總結的時候，老師可以說：「感激是什麼？它是我們人性中的情感，我們應該接納這種情感，它是美的東西。」老師需要做一個說明，或者進行一個更高等級的總結，然後大家手拉手，或者是圍成一個圈，放一首音樂，讓學生去感受感激的正向情緒。

在課堂的最後，應該是溫暖性的、柔和性的結尾方式。甚至當學生離開教室的時候，老師也可以用柔和的或者是更高級的結尾方式表達：「我想借用在座老師的掌聲向他們道別，讓他們好好地踏上人生的旅程，成為一個個更優秀的人。」掌聲一直持續到學生全部走出去。這樣將逐漸達到最高的教學成效。

電子書購買　　爽讀 APP

國家圖書館出版品預行編目資料

正向心理學的深度解析，6 堂正面情緒培育課：剖析「幸福五元素」，透過培養正面情緒，將心理滿足感最大化！ / 韋志中 著 . -- 第一版 . -- 臺北市 : 樂律文化事業有限公司 , 2024.06

面；　公分

POD 版

ISBN 978-626-98687-4-2(平裝)

1.CST: 情緒管理 2.CST: 心理學

176.5　　113007544

正向心理學的深度解析，6 堂正面情緒培育課：剖析「幸福五元素」，透過培養正面情緒，將心理滿足感最大化！

臉書

作　　者：韋志中

責任編輯：高惠娟

發 行 人：黃振庭

出 版 者：樂律文化事業有限公司

發 行 者：崧博出版事業有限公司

E-mail：sonbookservice@gmail.com

粉 絲 頁：https://www.facebook.com/sonbookss/

網　　址：https://sonbook.net/

地　　址：台北市中正區重慶南路一段 61 號 8 樓

8F., No.61, Sec. 1, Chongqing S. Rd., Zhongzheng Dist., Taipei City 100, Taiwan

電　　話：(02) 2370-3310　　傳　　真：(02) 2388-1990

律師顧問：廣華律師事務所 張珮琦律師

定　　價：375 元

發行日期：2024 年 06 月第一版

◎本書以 POD 印製

Design Assets from Freepik.com